保持初心

Keep your original intention

我在幸福的路上
不斷活出自己想要的樣子

鍾嘉心 —— 著

U0008418

人生因大愛而美好：
• 人脈整合專家告訴你「真誠就是力量」
• 無私分享「百分百的加薪術」

要活出精彩的人生，讓生命充滿希望和美好，
不要看輕自己，每一分每一秒都要努力，別辜負了自己。

不只擁有溫暖的心，
嘉心打造出自己最獨特的人生路

在這個快節奏且充滿挑戰的時代，嘉心的故事如一股清流，提醒我們面對人生種種艱難時，內心的堅韌與愛是我們最強大的武器。

作為澎湖縣馬公市長，我深感榮幸能為這本書寫序，這不僅是因為書中充滿了正能量，更因為嘉心的經歷和反思，對於每一個人，都有著重要的啟示。

嘉心從原生家庭的困境、情感的掙扎，到面對生活的壓力，每一節都充滿了她對於生活的深刻理解和超越。

她不僅分享了自己的故事，更給出了面對這些挑戰時的積極建議，教我們如何在逆境中找到出路，如何在人生的低谷中保持希望。

這本書的每一章節，都像是一道光，照亮了前行的路。從對原生家庭的理解，到學會愛自己；從面對生活的態度，到如何與他人建立深厚的關係等，嘉心的故事勇敢且真誠，她的智慧和勇氣，無疑將激勵無數人。

我鼓勵每一位讀者，無論您正在經歷何種困境，都能從嘉心的經歷中找到共鳴，從她的智慧中獲得力量。讓我們一起學習，一起成長，在人生的旅程中，不斷地超越自己，創造更多的可能性。

　　最後，我要感謝嘉心，感謝她的勇氣和大愛，將這些寶貴的經歷和洞見分享給我們。願這本書能夠成為每位讀者人生旅途中的指南針，引領我們走向更加美好與充滿愛的生活。

澎湖縣馬公市公所

市長 黃健忠 謹識

推薦序 2- 前馬公市市長 葉竹林

　　來自廣東梅州的嘉心，當年為了逃脫有暴力傾向的男朋友，遠嫁到台灣。原本以為「下一個男人會更好」，但想不到卻遇人不淑，年長她 16 歲的老公，對她漠不關心，經常對她冷言冷語，甚至不願陪她去醫院生產，對她而言可謂：離開了狼窟卻進入了虎穴。

　　為了要脫離苦海，她花了五年的時間打離婚官司，終於獲得解脫。

　　儘管從小就顛沛流離，但身上流著客家人與生俱來的堅韌不拔血液，嘉心不屈不撓，終於度過無數的難關。如今的她不但擁有自己的事業，還有一位對她疼愛有加的先生。而她也深信，「人生除了幸福還有責任」，所以在工作之餘全力投入社會公益活動，尤其是新住民的相關事務，她都無役不與，包括出版這本書，唯一的希望就是要把她的生活、工作經驗分享給其他的姐妹，幫助她們盡快融入新的家庭、社會。而竹林就是在多次的社會公益活動上認識這位優秀的新台灣人。

承嘉心之邀，有幸在她的新書裡點綴數語，謹以此祝福她未來的日子裡更發光發熱，為更多的鄉親服務。

前馬公市市長葉竹林 謹識

推薦序 3- 佳興成長營創辦人 黃佳興

大家好，我是佳興，

《保持初心：我在幸福的路上》

我覺得是我這段時間看過，

最精彩的書籍之一了，

我覺得這本書籍，

由嘉心她所撰寫，

把她生命的故事，

變成是一個章節一個章節的精彩，

隨著文字一段一段的，

你會不自覺的陷入，

這個故事的一個情境當中，

透過嘉心人生所經歷過的一切，

她始終選擇了善良，

始終選擇要為家人創造幸福，

要為這個世界創造幸福，

要為自己創造幸福，

不斷的活出自己想要的樣子，

哇，這個書籍你看完之後，

會有一種如沐春風的快感，

這個書籍你看完了之後，

你會感覺到好像全身上下的心靈，

全部都洗滌過了一遍，

你會找到你的初心，

你會開始邁向幸福的路上，

所以在這個地方，

大力的推薦這本書籍，

那自然你看過一遍兩遍，

看過三遍，

我相信每一次看過之後，

你都會有深刻的體會還有收穫的，

我在創立佳興成長營，

也已經邁向第 13 年了，

我一樣是保持著初心，

一樣是帶著幸福，

在生命中的每一天，

也持續不斷的活出，

我生命中最想要的樣子，

所以再次推薦這一本書籍，

也預祝正在看著這段文字的你，

可以每一天都活在，

幸福的世界裡。

佳興成長營創辦人 黃佳興

推薦序 4- 鳳林心境 楊鳳樺

　　在生活的旅途中，我們經常會遇到一些令人印象深刻的人物，他們的生命故事和精神能夠啟發我們，讓我們反思自身的生活和追求。而嘉心的生命故事，就是這樣一個強有力的例證，展示了即使在逆境中，堅持信念和積極行動的力量。

　　五年前，我遇見了嘉心——一位面對著生活重重困難的「陸配」。當時，嘉心處於人生的低谷，看似窮途末路，前途未卜。然而，與困難的生活狀態形成鮮明對比的，是他內心深處的堅韌和願景。嘉心有一個夢想：幫助更多的家庭獲得安定和幸福的生活。這份夢想，遠遠超出了個人的得失，它關乎於對社會的責任感和使命感。

　　在這幾年裡，嘉心通過不懈的學習和努力，逐步翻轉了自己的命運。他不僅改善了自己和家庭的生活條件，更重要的是，他將自己的成功經驗和積極能量，傳遞給了需要幫助的人。嘉心成為了一盞明燈，照亮了他人前行的道路。

嘉心的生命故事提醒我們，即使在最困難的時刻，也不應該放棄希望和夢想。更重要的是，當我們有能力的時候，應該向外伸出援手，幫助那些在人生路上遇到困難的人。每一個人的力量或許微不足道，但當這些力量匯聚在一起時，就能夠產生巨大的影響。

透過嘉心的生命故事，我們看到了一種人生的可能性：即使遇見困難、只要勇於面對，並且堅持不懈地努力，就能夠改變自己的命運，幫助他人走出困境。嘉心的故事不僅僅是一個關於個人奮鬥的故事，更是一個關於如何實現社會價值、如何通過個人努力為社會帶來正面影響的故事。

在現實生活中，我們每個人都可以成為像嘉心一樣的人物，用自己的行動和努力，為社會帶來光明和希望。讓我們從嘉心的故事中汲取力量，不僅為自己創造美好的未來，也為社會貢獻我們的一份力量。

鳳林心境【楊鳳樺】

一場令人感動的身心靈洗滌

身為女人，一個人們習稱的「陸配」。我深深感受到嘉心成長歷程的艱辛，以及這一路走來種種的不畏艱困和奮勇再起。

從當年那個在惡劣環境中生長的小女孩，到如今眾人仰慕的領導者。

這真的不容易，而嘉心做到了。

從她的文章，我看到了很多觸動心弦的感動，很多的故事讓我邊看邊流淚。相信每個願意用心追求人生幸福的，不論是女子或男人，都一樣可以透過嘉心這樣真誠分享的奮鬥實錄，看到一部分的自己，也衷心佩服像她這樣的女子，那麼的堅強以及用生命力寫就的偉大。

她是開心紅豆，一個愛學習的女孩。

她是人脈整合專家，一個帶給身邊朋友融洽鏈結的好友。

她走過的滄桑：遠嫁來台的孤獨以及家庭心酸、在異鄉的市場從零到有開啟事業、從孤立無援到成為助人無數

的付出者。曾經她走在逃離過去的路上，而今她不只擁有豐盛的現在，也擁抱充滿願景的未來，立志要幫助一萬個家庭改善生活。

她是帶來幸福的小天使，她是我們最親密的戰友，永遠值得信賴的好姊妹。

當我們閱讀這本書，可以看到一個走過苦難的人，卻通篇都是正向的語言，她的激勵、她的真誠、她那令人熱淚盈眶的生命歷程。單單是這樣一本書就可以帶給很多人啟迪，而如果有機會親自來跟她見面學習，更是一場寶貴的心靈成長饗宴。

真心推薦這樣一本好書，特別是所有「新住民」朋友們，都該秉持著好東西與好朋友分享的心境，一起來學習與茁壯。我也以此書的種種智慧做自勉。我們都是來自海峽另一頭，距故鄉遙遠在這島嶼必須自立自強的女子，而我們最終都能走出屬於自己亮麗的生命光彩。

這場關於愛與成長的洗滌，讓身心靈舒暢。

感恩有這樣一本書。感恩嘉心。

新住民服務協會理事長／頭份創世紀扶輪社長

朱國榮

凡事皆正面 能量永不變

　　所有的發生，都是最好的發生。人生的挫折都會成為日後的養分。凡事正面、熱情、積極、分享、勇敢、承擔、學習、有愛心……。我們都是佳興成長營限量見證的學員。

　　因著擁有太多類似特質的緣故，讓我們有更多交流的機會。尤其在 2020 年疫情的階段是少數擁護佳興師父，努力學習改變的少數同學中，一起走過史上最艱困的挑戰時期。

　　彼此鼓勵，同時在 2022 年一起榮獲🤚「年度見證」。這過程，情感更加緊密。

　　看著嘉心一路勇往直前、面對挑戰、關關難過，關關過。甚至找到幸福的伴侶事業婚姻兩得意。

　　替她感到非常開心。看到嘉心正值創業時期投入幫助人的事業，總是熱心公益不落人後，十分佩服。

　　嘉心的人生有如毛毛蟲變蝴蝶🦋，飛舞在美麗的花園中。

有道是「花若盛開、蝴蝶自來；人若精彩、天自安排」，聖經中羅馬書五章「非常好，因為知道患難生忍耐，忍耐生老練，老練生盼望，盼望不至於蒙羞」。

在這本書中可以看到嘉心每一個階段的蛻變，值得推薦給大家！

也祝福嘉心有更精彩的人生。

中國信託金控台灣人壽 資深業務區經理

林秋萍

種下愛與和解的種子，
開出幸福人生的花

回想四年多以前，剛剛進入「佳興成長營」與一群優秀的朋友共同學習，那時經常會有一個誠懇又甜美的聲音總是會熱情的與我打招呼：信宏哥！

根據我 30 年來看不見的人生經驗中，聽人無數的準確判斷。嘉心一定是一個生活在幸福美滿的家庭中，事業、人生非常順遂的人。

在我「看」完了嘉心這本書之後，才發現我居然大錯特錯！

原來嘉心和我一樣，有著類似的原生經驗，歷經了無數的磨難，才能淬煉出璀璨光華的人生。

在我的人生旅途中，家道中落，生活困苦。求學不順，留級畢不了業。

20 歲發現「隔代遺傳視網膜色素病變」，未來會慢慢走進完全看不見的世界。無法當兵，只能委屈求全找個糊口的工作。

甚至還經歷了落跑新娘，創業失敗等許多打擊。

然而在我看不見世界之後，才赫然發現，人生中最可怕的不是看不見本身，而是看不見自己的夢想！

2023 年我也出版了我自己人生中的第一本書《看不見世界看見夢想》。

就在我與嘉心分享我的這本新書的對談中，我們居然有這麼多不謀而合的想法～我們一定要透過自己的人生故事，為這世界上許多正在經歷痛苦、迷茫無助，覺得人生只能這樣，對未來充滿負面能量的人，提供許多簡單的心法和可以執行的創意。人生！是真的可以改變的!!

就如同嘉心的書中所提到，她生活在一個家暴、恐怖情人、婚姻失敗、言語暴力……等等，無邊無際的悲慘世界裡。

嘉心卻從一個小小的開心紅豆，在心中種下了一顆希望的種子。

最後居然能夠開出一朵，與父母、恐怖情人、失敗的婚姻，和解的花。

進而結出了一個美滿婚姻、事業成功、助人無數、公益付出，豐盛的果。

這不是個奇蹟，而是嘉心一步一腳印的努力足跡。

相信有機會閱讀這本書的讀者，一定都和我一樣，除了佩服嘉心能有如此樂觀的心境與態度，令人更加敬佩

的是，她居然可以原諒了過去種種的不堪苦痛。

這絕對不是一件簡單的事，因為怨恨會蒙蔽了我們的心，如果我們沒有採取報復已經是最好的對待了！不是嗎？

但是嘉心證明了，原諒了過去，等於原諒了自己！

唯有原諒了自己，才能像嘉心一樣擁有現在她渴望的人生，創造並實現她所有的夢想！

這本書一定會成為 2024 年最勵志，最有能量的一本書！

讓我們一起把這本，從平凡變成不平凡的人生故事，介紹給更多的人！

國際扶輪 3482 地區 22-23 年度社長 Dreamer

台灣首位扶輪社盲人社長、視障回憶系歌手 林信宏

生命中怦然心動的初心

認識嘉心是透過我們一位暢銷書作家〔經典視障歌手林信宏〕的推薦，兩位都是佳興成長營的前後期同學。

嘉心，一見面就可以感受到她的真誠和熱心。來自廣東梅州的客家女孩，帶著客家人傳統堅忍，吃苦的精神。開始她一段又一段變化的人生。

在台灣有一群來自對岸中國的新住民，面臨著遷徙入台後，必須融合適應的艱辛心路歷程。除了新家庭、新生活、新飲食習慣、新人際關係……每一項對她們而言都是未知挑戰。

嘉心特別與眾不同的是，獨立自主，樂於學習，面對困境，勇於接受，富正義感，堅韌樂觀的特質表露無遺。

在她年輕卻充滿波折的生命經驗裡，嘉心屢屢從谷底翻身，憑藉的就是她對生命的不妥協，對世界的信心。

正如她書中所說：【每一次的努力都是灌溉的泉水，能讓埋藏在生命土壤中的種子發芽並生根，最終會開出屬

於自己的花。】

她認為：我們無法改變一切，但每個人都有改變命運的力量，讓生命更加美好。

這樣的初發心，讓她像海綿般的學習和吸收，勇於嘗試，開發機會，觀察細節，化不可能為可能。

她人生很難的 4 部曲中，給了讀者很重要的啟發。

1.【人生很難，不要為難自己】。灑脫的看待每一次的困難，不要生存在別人的影子中，面對壓力，保持一顆平和的心，堅持自己的信念和價值。

2.【人生很苦，不要辜負自己】。逆境中遍嘗各種境味，即便面臨生命安危，仍然學會接受現實，慢慢轉化成人生甘滋味。

3.【人生很累，不要勉強自己】。偶爾停下腳步，看看身邊的風景，看看天上的雲朵，像極了那總從縫隙中，努力竄出發芽成長的小花，勇敢地綻放自己，珍惜當下片刻的小確幸，享受幸福的瞬間，轉壓力為動力的態度，令人動容。

4.【人生很短，不要輕視自己】。她堅信每個人都有改變命運的能力。堅持夢想，活出自己精彩而想要的樣

子。綻放自己獨特的香氣，不留遺憾。

嘉心的每一個過程，都是在悲苦交加中，找到豁然開朗的路徑，慢慢地飛越過歲月的煎熬，映照出她奇蹟般命運。把愛的力量還給自己，放下不在乎自己的人，迅速轉身，彎道超車，充分學習，讓生命的花永遠朝向陽光。

她知道感恩帶來好運，離幸福也最近，和先生果凍教練建立亦師亦友的事業夥伴關係，打造專屬的自有品牌【瑪沁國際】，成為風險管控界的精算師，幫助很多車禍受傷的民眾爭取更多的福利與權益。無疑這也是實現一種社會責任。

一花一世界，他們為自己立下幫助 10000 人的願望，讓帶著愛做的每件小事，都對受助家庭帶來非常大的助益，每件都成為一個家庭世界中的大事了。

親愛的讀者，謝謝您翻開這本書，讓我們共同閱讀嘉心的人生，所有的失去與得到，都具備著不同的意義。她相信失去的任何事物，都將以不同的形式，以更好的形態再回來。

她散發著自帶能量的光，照耀著你，也照亮了我。

相信世界有光，相信生命有光，相信嘉心會影響
10000 個以上的家庭，在光中在愛中重現價值。

　　像一顆種子蓄勢待發的破土潛能，都來自於嘉心擁有
生命中令人怦然心動的初心。

　　　　　　出版總策畫　時兆創新——時傳媒文化事業體
　　　　　　　　　　　　　　　　創辦人　林玟妗

目錄

第 1 章 / 27

第 1 章

1-1　原生家庭不是罪，把自己愛回來

　　梅江流淌悠悠，江水如絲蜿蜒而過，兩岸綠蔭扶疏，當夕陽西下時，天空與江水都染成一片橙紅，江畔景色如詩如畫，讓人心馳神遠。漫步在街巷間，簡樸的建築、古老的石板路，處處都散發著濃郁客家風情。聽著飛聲婉轉的山歌，在古老的圍屋品嘗梅菜扣肉、開山肉丸、釀豆腐、味酵粄等正宗美食，這裡不僅僅是客家文化的發源地，更是客家民系形成的最終地點，被譽為「世界客都」，每一寸土地都散發著深厚的文化底蘊。

　　這就是廣東梅州，我出生的故鄉。

　　雄偉壯觀的月光山、悠然而過的美濃溪，山川交織形成一片平坦平原，宛如詩句詠唱了這片土地的溫柔。溫暖陽光、肥沃土地，加上勤奮純樸的人們，所以孕育出豐饒物產，不但沃野良田遍植稻米，各種優質農特產

不勝枚舉,「地上生黃金,土中長白玉」,生產的白玉蘿蔔口感細緻;「關關雎鳩,在河之洲,窈窕淑女,君子好逑。參差荇菜,左右流之,窈窕淑女,寤寐求之。」屬於荇菜的野蓮(水蓮)更是象徵這裡的生命力與精神。

這裡是高雄美濃,富饒人文氣息的小鎮,是全台客家文化保存最完整的鄉鎮之一,也是我的新故鄉,一個我深愛的地方。

美濃有95%以上的居民是客家人,祖先多半來自廣東梅縣、蕉嶺。我是廣東梅州客家人,與無數先民一樣,最後都落腳在這片土地。我總認為美濃每一個角落都宛如一首詩,每一道風景都彷彿一幅畫,而我的心被這般純樸民風與溫柔所包覆。

我是鍾嘉心,出生在廣東鄉下小山城,現在定居在高雄美濃,是新台灣人。

我爸爸從事木材生意,是家族裡最會賺錢的人,很年輕時就賺了錢,雖不是日進斗金的暴發戶,但也能過著比小康更優渥一點的生活,基本上想要什麼都不成問

題。爸爸和媽媽很年輕時就在一起了，媽媽 1966 年出生，16 歲就生下我，還有 2 個妹妹。

為了三姊妹求學，我大概 4、5 歲時就從鄉下搬到市區。這樣的背景聽起來，我的童年應該是無憂無慮的生活，小山城應該是有翠綠山巒環繞，蜿蜒小徑兩旁該是樹影婆娑，波光粼粼的溪水清澈見底，岸邊滿是五顏六色花朵在微風中搖曳，我的童年應該是在田園裡追著蝴蝶奔跑著，或是踏著清涼溪水與鄰居玩伴們捉著魚蝦，嬉戲的笑聲迴盪在風中。

但我回想起來，記憶裡卻很少有玩樂的片段，反倒是很小就開始做家事。明明父親年輕得志，又賺了不少錢，照理來說，我該是個備受呵護的公主，怎麼會這樣呢？

爸爸因為賺了錢，所以吃喝嫖賭樣樣來，尤其是賭性堅強，撲克牌賭「三公」、打麻將等等什麼都玩。我很小的時候，家裡就已經有自動洗牌麻將桌了。各種賭錢的玩法，我幾乎都懂，因為從小就看很多了。

爸爸會邀朋友到家裡賭博，我很不喜歡那種環境，感覺烏煙瘴氣的，尤其那個時代所有人都會在室內抽菸，在開冷氣的密閉空間裡，一群人圍坐在桌旁，氣氛熾烈混亂，人群總是龍蛇雜處，各種面孔表情各異，唯一共同之處是皆散發出濃濃的賭氣，空氣中彌漫著抽菸的煙霧，與賭桌上的光影交錯，氛圍朦朧混濁，菸味、酒味混合成一股刺鼻味道，讓整個空間感覺濃重沉悶。

那些來賭博的人情緒總是特別激動，贏錢時歡呼聲震耳欲聾，充斥著狂喜的荒謬；反之，若是輸錢了，怒吼聲便此起彼伏，憤怒情緒在室內蔓延。我家就像是賭場一般充滿了張牙舞爪氛圍，每一張牌的翻動都彷彿牽動了所有情緒，贏家的狡猾笑容、輸家的沮喪表情，每個人的臉部表情都隨著每把賭局結果劇烈波動。

只要有賭局，身上總是沾染滿身菸味，這一點讓我感到很不自在，況且我還是個幼童。

媽媽算是很幸福吧，少女時代就嫁給了爸爸，從來沒有工作過，要錢就會有錢。爸爸算是大男人主義，覺

得男人在外辛勤工作了一天，一回到家就該有熱騰騰的菜飯等著他，但媽媽即使生了我們三個姊妹，卻依然有著年輕愛玩的心，所以不做任何家事，也不煮飯，家裡總是亂七八糟。我們姊妹們不想要這樣，所以變得很勤勞，也因為不想變得跟媽媽一樣。

媽媽沉迷賭博後常常晚回家，總想要多一點時間多賭幾把，所以我被教導放學回家必須洗米煮飯，然後把所有菜都清洗、準備好，讓她一回到家就可以直接炒，這樣才趕得上爸爸回家吃飯。有幾次忘了把電鍋開關按下去，她一回家看到是生米就直接打了。因為爸爸回到家若是飯還沒煮好就會罵媽媽，她就會把氣出在我身上。

我是老大得承擔所有的過錯，大妹小我三歲，模樣圓滾滾的很討人喜愛，功課又好；小妹差我四歲，懂得察言觀色很精明。爸爸覺得男生比女生強，我骨子裡大概是有一點叛逆，既然「你覺得女生不行」，我就要爭一口氣給你看。

我家就在學校對面，因為附近學生眾多，所以住家

順勢開起了柑仔店，由媽媽顧店。同學們都很羨慕，因為有吃的、有玩的，什麼都有，所以日子算是過得蠻好的。本來販售的品項很多，但媽媽愛上賭博後，商品種類就愈來愈少，因為心不在店裡，後來經營得離離落落，再後來就變成奶奶顧店。

爸爸比媽媽大三歲，少男、少女的愛情總是炙熱，過程或許充滿了甜蜜與浪漫，就算兩人深愛著對方而走入婚姻，但生活經驗太過缺乏，心智成熟度也不足，兩人年輕氣盛難以好好溝通，時常因瑣碎生活小事而激烈爭吵，若是一言不合常常互吼對罵，講話也很毒辣，死來死去不離口，有時說話太過直率，或許是無心，卻很容易傷到人，在激情四溢的關係裡，他們常陷入情緒漩渦與誤解，難以理性面對問題。

就算結了婚、生了三個孩子，但他們太年輕了不懂得如何撫養，所以我總覺得自己不被珍惜。兩人三不五時就吵架、動手打架也稀鬆平常，不誇張，甚至連刀都拿出來對峙。男方愛面子、女生也不服氣，導致我覺得兒時都是在打打鬧鬧的家庭氣氛下成長的。

不但爸爸會動手打小孩，兩人吵架後，媽媽也會把氣出在孩子身上。小時候只要見到他們爭執，我們大氣都不敢吭一聲，深怕會被掃到颱風尾。現在翻翻我的相簿，童年時的照片幾乎很少笑容。在這種環境下成長，帶來最大的影響就是覺得「我似乎不應該來到這個世界」。

那時候很封閉、內向、自卑，很害怕，因為有過被修理的經驗，所以話變得很少，出口前也會一直想，擔心一講錯話就被打、就被人家討厭。所謂相由心生，所以那時候照片裡的我，看起來就很苦，內心的不安與焦慮完全找不到出口，常常躲起來自己偷哭，被媽媽發現後，還會被責備「這樣有什麼好哭的」，只

能告訴自己忍著。

反倒是奶奶屬於多愁善感的人，什麼事都「好啦」，全部都自己吞忍下去，把錯都往身上攬，這讓我感到非常不捨。因為媽媽不顧店，奶奶特別從鄉下來跟我們住，非常疼孫女們，也很用心經營柑仔店，每天都煮飯給我們吃，不只個性善良、吃苦耐勞，我覺得就像是典型的客家女性代表。

但也因為什麼都往身上攬，過不了自己那一關走不出去，在我廿歲時，奶奶選擇結束自己的生命。事前沒有任何徵兆，奶奶可能已經計畫了很久，自己買了農藥回到鄉下老家，在九九重陽節那天離世。

我很羨慕和樂的家庭，心裡老是覺得自己「不配」、「不值得」擁有，「擁有一個快樂幸福的家」對那時候的我來說，簡直是一個不敢奢望的夢想，這輩子恐怕沒有機會了。

我只能羨慕別人，別人的爸媽總是和和氣氣、不會罵人，我家卻是出口成「髒」。同學們的家長總會上演溫馨

接送情，但我從來沒感受過，因為小學就在對面，過馬路就到了，所以我好生羨慕。

看我那時期的照片，就知道當初有多壓抑。心裡的苦只能埋起來，也不敢透露一絲絲給學校的閨密知道。爸爸有大男人主義，要是我把「家醜」說出去，恐怕又要換來一頓皮肉痛。

讀完九年義務教育後，要選擇未來的方向，我一直都很喜歡英文，因為小時候只能乖乖讀書，根基打得不錯，在班上成績都是第一、第二名，初中班導師是英語教師，她也非常鼓勵，所以就幻想著要去讀外語學校，有機會最好能出國留學，而最主要的目的就是離開家！

我有被外語學校錄取，但並非我想讀的第一志願，而且學校只離家三分鐘，後來選了一個比較偏遠的中專（中等專業學校）去念計算機與基礎，重點是從市區過去車程約半個多小時，因為離家遠，所以有理由可以住校。

我終於有理由可以脫離父母的手掌心了！

以前作文我最怕的題目就是「快樂童年」，我總是看著作文紙發呆良久，一個字也寫不出來。長期以來籠罩在陰霾密佈的家庭環境下，似乎出現一絲見到曙光的機會。一直以來，我都沒有快樂過，不知道什麼是真正的快樂，也可能是選擇性的遺忘，把童年的記憶全部封存起來，一旦可以離家，我彷彿看到了希望，內心雀躍不已。

．．

　　離開家、住校求學，我決定把自己愛回來，希望能找到真正的自己。

1-2　開心紅豆，學習可以改變命運

　　因為生長在愛賭博的家庭中，我總覺得被氣氛低沉的陰影所籠罩著，父母的愛好成了家庭負擔，自卑感和封閉的心態始終籠罩著我，隨著初中畢業，我決定逃離這種糟糕的環境，決定踏上離家求學的路程。

　　對我來說，這是一個非常重要的轉折點。我期望能夠藉由追求學業，進而改變自己的命運，並把自己愛回來。

　　我想要開心，於是我為自己在社群媒體上取了個名字：開心紅豆。

　　雖然住校，但因地緣關係被歸為本地生，不少外地同學都會跟我詢問當地與生活上的問題，我總是帶著微笑熱心回答，小學、初中的我都是很內向的，在班上不屬於亮眼的學生，總是靜靜的，直到上了中專後，個性才開始有一點轉變。初中雖然有幾個一起走路、騎車上學

的朋友，但不會談心，畢業後分別上不同的高中、中專後，彼此有了距離反而珍惜起友誼，有了幾個能夠真正談心的閨密。

也許，我本來就不是那種壓抑情緒的人；當我開始敞開心扉後，不再把事情都往心裡藏。

我想要改變，上了中專後便積極參與許多活動，像是學生會，也加入英文社、書法社等社團，而且還同時擔任英文社、書法社的社長。書法社不僅單純練習寫字，若學校有活動則需協助布置，感覺比較像是文藝社團。

就像是塵封已久的開關突然被打開了，我彷彿到了一個嶄新的世界，認識許多不曾接觸過的人、與各年級的學長姐共事。初中的閨密比較叛逆、早熟，也會拉著我到迪斯可舞廳等場所，不過我屬於比較理智型的那種，就靜靜的坐在那裡看他們搖來搖去玩樂。

這可能跟我家從小的環境有關，到了人多的地方，

我反而會靜下心思考，也保護自己。但見到不對的事情也會挺身而出，像是看到有人在女孩子的杯子裡下藥，我絕對會破口大罵直接揪出。

那個年紀的孩子多少有一點正義感，當然也會做一些瘋狂的事。像是閨密要來幫我慶生，但學校宿舍有門禁，他們就偷偷摸摸翻牆進來，慶生後要離去時也是偷偷摸摸，有人突然惡作劇大喊「老師來了」，害閨密嚇得掉下去，底下的人又沒接好，摔得屁股疼死了，至今想起來都覺得好笑。

從小一直自卑、害羞的我，這時候已經變得開朗許多。

那時廣東梅州有七縣一區，我來自梅江區，可以說是梅州的政治、經濟、文化、交通中心，也就是最熱鬧繁華的市中心。學校社團有許多活動，也要負責跟外校聯誼，開始接觸到其他地區的人後，覺得非常有趣，小時候那些不愉快就被我選擇性忘記，將它塵封在心裡的

角落。

我讀的是計算機與基礎，也就是電腦系統基礎運用。有認真讀書嗎？其實沒有很認真，因為真的愛念書的都去讀高中了，我還是保持學習，不只是課本上的學習，也包含生活中的學習，尤其喜歡英文，所以才加入英文社，並且接下社長職務，需負責與其他社團交流，眼界變寬了，也看到了不一樣的東西。

因為這段經歷，原本不愛說話的我彷彿蛻變了，也或許有一點語言天份，所以我很敢講。我覺得學習語言就是要有敢講的勇氣，而且還要厚臉皮。有些人因為害怕尷尬和擔心說錯而保持沉默，但這種的心理障礙只會阻礙學習進度。

敢講，絕對是學習英語的第一步，我在學校和日常生活中都很敢於開口說出詞彙和句子，這不僅能讓自己習慣說英語，還能提高口語表達能力，就算犯了錯誤也無妨，在錯誤中學習能夠進步得更快。

厚臉皮也是另一個關鍵，當我看到外國人時，絕對不會害怕與他們交流，就算句型、文法說得不夠完整，我都會鼓起勇氣與他們說話，沒有什麼好尷尬的，就算我說的是中式英語那又如何？有時候還會直譯，但語言本來就是一種溝通的工具，能讓對方了解你的想法才是最重要的。

敢說、敢講，是我最自豪之處，所以外國人都蠻喜歡跟我聊天，不會糾結於你的文法到底正不正確。

開心紅豆就是要帶給人家快樂，這是我想帶給大家的印象。

朋友笑我是開心果，負責搞笑的那一個，懂得幽默，不懂自嘲，不怕丟臉，只要能帶給大家快樂，我自己也感到快樂。

課業上雖然不是名列前茅，但在學校裡，我學到了更有用的東西，也就是人脈。社團舉辦許多活動，需要布置、裝飾，學長、學姊會帶著我，也得到許多寶貴的

經驗傳承，開始懂得欣賞美的事物，無形中也提升了自己的美感。我也懂得透過觀察學習，而且不恥下問，遇到不懂的事情一定開口詢問。

「為什麼？」，不懂就勇敢發問，才能吸收許多知識。

學習並非只能透過課本，在舉辦活動的過程中、在與人們互動交流中，都能學習到許多課堂上沒有教的事。最大的好處是讓我變開朗了，話也變多了，不再是那個唯唯諾諾、話很少的小女孩。

就連日常生活中，我也應用這種積極的學習態度，不管是見到陌生詞彙、文化習慣或是社交場合的不安，我不會躲避或不敢發問，這樣的轉變讓我在與別人的交流中更加開放，我也學會了接受自己的不足，藉以作為學習的契機，不僅拓展了我的知識，也讓我變得更加自信大方。

我不再害怕挑戰和未知，而是將其視為成長的機會。我發現自己變得更有見識，同時也培養了解決問題

的能力，至今我依舊保持這種態度，所以讓我在人際關係和職場上都更加蓬勃發展。

我來到台灣之後，小時候同學傳來訊息，「我印象中，妳是不太說話的人，現在看到妳過得很好，真的很開心。」他原本對我的印象還停留在那個害羞的小女生，沒想到我上中專後，整個人大改變，變得開朗有自信。

我這一生有許多貴人，帶給我不同視野、適時拉我一把，閨密就是其中之一。與我完全不同，她的個性活潑外向，我則是理智型，要玩可以玩，但沒辦法太瘋狂，閨密卻不同，她可以拿張面紙就在台上跳來跳去、帶動全場氣氛。至今我們仍相當要好，而且互稱對方為「老婆」。

我們曾與未曾謀面的網友相約到酒吧見面，在人聲鼎沸的歡樂氛圍裡，笑聲與音樂歡愉交流著，然而，其中一些男生其實另有所圖，我留意到有人趁著大夥兒不注

意時在酒杯裡添加了些什麼，我敏銳地嗅到不對勁的氣息，毫不猶豫就站起來，將那杯飲料倒在那個男生的頭上，霎時，酒液潑灑得他全身都是，騷動也引起了一片驚呼聲。

那男生滿臉驚愕，「妳幹什麼？！」怒氣沖沖說道。

「你在酒杯裡放了什麼？別以為我沒看到！」我質問。

眼見骯髒手腳被識破，那男生氣急敗壞似乎惱羞成怒，一副想要打人的模樣。

閨密和朋友們立刻站到我身邊保護著我，用堅定眼神和堅強態度告訴對方，不容忍任何人對我不禮貌，那男生見狀立刻落荒而逃。這一夜，我和閨密的感情更好了，我知道她會為我挺身而出。

朋友們總會在我需要的時候站出來保護我，我也樂於帶給他們歡樂，一如我為自己取的暱稱「開心紅豆」。

離家住校是我個性的轉捩點，也讓我的人生走出了新的方向。我過去常常思索，命運究竟是與生俱來的註定，還是可以用努力和學習去改變的呢？

命運就像是一場漫長的旅程充滿了未知與驚喜。有時候，我們似乎被生活的潮起潮落推動著，像一片漂浮的葉子無法左右自己的方向。然而，就算在這浩瀚的世界中，我只是微不足道的小角色，如果肯去努力為自己做點什麼，一定能在驚濤駭浪中找到一片安穩的港灣。

曾經，我是在憂鬱陰霾裡迷失的女孩，沒有根基，找不到方向。然而，當我決定逃離家庭、選擇住校後，抱著學習的態度就像是打開了一扇窗戶，讓陽光灑進了生命。我彷彿一塊海綿，貪婪吸收著各種湧來的知識，我漸漸懂得如何解讀自己的命運了。

每一次與人溝通、每一回策劃活動，我都從中找到了自己的興趣和專長，各種學習不僅讓我掌握了技能，更讓我找到了自己存在的價值。過去我曾覺得命運就像浩瀚

夜空裡的星星遙不可及，然而，充實了自我之後，我發現那些星星其實都是可以追尋的目標。我找到了思考人生的智慧，也學到了如何理解他人、愛護自己，命運並非絕對或天生註定的，而是可以透過努力而改變。

　　每一次努力都是灌溉的泉水，能讓埋藏在生命土壤中的種籽發芽、生根，最終開出屬於自己的花朵。

．．

　　每個人都擁有改變命運的力量，就在於努力。
或許我們無法改變一切，但至少我們能改變自己的命運，讓生命更加美好。

1-3 誤入歧途逃出生天，溫室花朵不凋零

中專畢業後，我就開始進入職場，曾經嘗試過很多工作。那時候，只要就讀中等專業學校（類似台灣的高職），畢業後會由學校統一分配到各個公司或工廠基層從事專業技術工作。

畢業時要填志願分發工作，我被電子工廠錄取，做的是電腦CPU（Central Processing Unit）和各種零件，我是生產線上的作業員，每天都重複做一樣的事情，環境很安穩，但沒有挑戰，我不喜歡這種一成不變的生活，甚至明天要做什麼、下一秒要做什麼都知道了。

我覺得自己的人生不只是這樣子而已。

其他同學都安分在工廠任職，我卻打定主意離職，沒想到卻被騙去做傳銷。那一天接到了一位同學的電話，他講述了一個充滿機會的故事，聲稱只要參加就有

機會賺大量錢，當時的我對傳銷一無所知，也完全信任這個同學，結果被他的花言巧語迷惑，恰好又離職，所以深信這是能改變命運的機會。

同學邀我參加說明會，地點算是在一處蠻偏遠的地方，我心中充滿了期待和興奮，坐了好久的的公車才抵達目的地。然而，當我踏進會場卻感覺有些詭異，因為不是華麗的大廳，也不像辦公室，僅是一個狹小的房間，原本以為是舉辦專業的說明會，但現實卻是我沒有預料到的。

所有參加者到齊後，傳銷公司的人開始宣傳他們的商品，一瓶小小的保養品，商機卻被吹噓得無限大，我愈聽愈覺得不對勁，他們口中的商機就是購買這家公司的產品，然後拉人進入銷售鏈賺取抽成。華麗的言辭讓一切聽來彷彿充滿了希望，但在看似美好的願景之下，卻隱藏著無限的騙局。

房門早已無聲無息被關上，我們根本出不去，當被迫要求支付高額的入會費時，我簡直不敢相信，入會費

居然要人民幣 6000 元，當時我在工廠當作業員，薪水一個月才 500 元，6000 元簡直就是一筆天文數字，我無法接受這種不合理的要求，但對方卻不肯放我離開。

我的心情既焦慮又害怕，開始試圖逃脫，只能告訴對方需要跟家人商量，但為了這種事找爸爸，肯定會被修理一頓，於是打電話回家尋求幫助的念頭只能在腦海閃過，後來想到了最疼愛我的外公和外婆。

那是個只有 B B Call，還沒有手機的年代，我要打電話還只能到外面的電話亭，但傳銷公司甚至派人貼身看守，盯著我的一舉一動。我與外公通話時，還得裝出一副輕鬆的模樣，要他們不用擔心，後來外公匯了 6000 元到指定帳戶，我才得以脫離這場噩夢。

我對外公、外婆的感激之情無法言喻，卻也深深感到愧疚，直到外公過世，這筆錢我都還沒還清。

我那時 18 歲，剛畢業出社會，被信任的人拉入騙局，甚至被軟禁，當時害怕極了，至今回想起來仍心有餘悸。

當時很天真，覺得文員的收入很好，我有些同學就是當文員。在工廠當作業員的月薪僅僅 500 元，很羨慕當文員打打電腦就有 800 元的薪水，於是我強迫自己學習 word、excel 等文書處理軟體。

為了賺錢，我還曾經做過聲訊台的工作，就是陪人家聊天，類似台灣早期 0204 真人聊天那種付費服務。說穿了，其實算是情色聊天，會打這種付費電話，清一色都是男的，你就是要想辦法和他一直聊下去，聊愈久愈好，抽成才會愈高。但打電話進來的人不管怎麼聊，他就是想要「色色」，但我真的不喜歡，實在受不了，做不到一個月就離職了。

後來有一天我走在東莞路上，看到報紙的徵人廣告，中國移動正在招募客服人員，它是中國數一數二的通訊服務供應商，我心想不如試試看，就跑去面試。年輕時膽子很大，主考官問的每一個問題，我全部都說會，想想還真不知哪來的勇氣。

「會講客家話嗎？」

「會！」

「會講廣東話嗎？」

「會！」

我是客家人，當然會說客家話，但廣東話講得離離落落，都是看電視學來的，但我也臉不紅、氣不喘，毫不思索就回答「會」。

於是我順利進入中國移動擔任客服人員，工作內容是接一般客戶打來的電話，不管是投訴或是任何問題，都要想辦法在通話過程中協助客戶解決。

東莞是珠江三角洲非常重要的城市，90 年代開始，製造業和出口專業區蓬勃發展，以高效率和低成本聞名，成為了許多國際企業的生產基地，因此吸引大量民工湧入，這些民工多半來自中國各省的農村，據說最巔峰時期曾高達數百萬人。

低成本固然讓產業充滿競爭力，代價則是低工資，這些來自五湖四海農村的民工，部分素質並不是很好，

說話很粗魯，有時打客服電話進來，一聽到是女孩子的聲音就會說些不三不四的話。我們接到這種電話其實很開心，「謝謝您的來電，再見。」說完就馬上就掛斷，這種被抽查到錄音是沒有責任的，因為我們不能主動掛客戶電話，除非他說的內容是非業務類的，客氣說聲「謝謝」就可以掛掉。

客服人員是有評鑑表的，會計算接了多少通、通話時間、有沒有效率、是否有客訴等綜合評分，我做的還可以，後來升遷到負責 VIP 客戶的部門。雖然同樣是處理客戶服務，但清閒許多，因為高端客人的問題反而少，多數都是生意人、老闆、企業家、高階經理人，打電話進來能直接了當說明問題所在，不會東拉西扯，因此相對好解決，而且說話都很客氣。

我發現一個定律，愈成功的人愈客氣。成功人士總是很謙卑，也很低調，沒有付錢就是老大的心態，說話都很有禮貌，甚少咆哮。我甚至服務過一個客戶，一開始講話很難聽，但處理到後頭，他發現是自己不會設定手機，於是頻頻跟我道歉。

奧客其實是好客人，因為處理過程中，讓我懂得許多應對進退的技巧。這段經驗讓我學會如何處理客戶問題，也訓練了臨場反應的能力，受用良多，對往後的工作有很大的幫助。

同樣的事情做久了就會變專業，客服人員也有專業，我每天早上會先看公司發出的公告先做好準備，比如某某地區會暫時停話一小時，接到客訴電話就可以馬上告知，我有點像是部門主管的助理，早上要佈達，告知同仁今日接電話的重點可能為何。

工作上的成就感讓我體認到自己變得不同了。這個部門是人人稱羨的單位，薪資高、福利好，每年都會發一支新手機，通話費全免，也有住房公積金，所以我一做就是五年。

這過程中，我也成為別的貴人。我有兩個中專同學原本在不錯的單位任職，正好我們部門要招聘新人，我便將訊息告知她們，她們也通過面試跟我成了同事。我雖然只待了 5 年就離職，但她們卻一待就是近 20 年，

直到前一陣子其中一人才回歸家庭，另一個已經生了第三胎。

同學很感謝我讓她們有機會擁有一份穩定且福利好的工作。在人生的旅途中，我們總會遇到一些人，或許只是一句鼓勵，或是一次幫助，這些溫暖之舉都讓我們找到前行的力量，成為我們的貴人。

我深深覺得要常保一顆良善的心，我們也擁有成為別人貴人的力量。也許是一次耐心的傾聽，或是一份無私的支持，在別人需要幫助的時候拉他一把，也許只是不經心的舉動，就能點燃他們生命中的火焰。

彼此扶持，一起成長，在人生的轉折處，我們都會變得更好。

1-4　擺脫恐怖情人，心身靈再度自由

在電訊客服工作期間，我交了一個男朋友，他是中專同學的朋友，大我一歲，姑且稱他為 B 先生。

他是我的初戀。

B 先生屬於大男人主義那一型。沒錯，我爸也是大男人主義，我怕得要死，但偏偏我卻喜歡上這種男人。其實有時候你越不想遇上什麼樣的人，就偏偏會遇上那樣的人。他身高 180 公分，當高大的身影映照在陽光下時，我覺得超帥的。別笑，年少無知的我確實以「貌」取人，還真的是「外貌協會」的一員。

交往期間，他給了我許多夢想，只是一個都沒有實現過。

B 先生總是有各種大膽的計劃和夢想，人家不是都說「成功的男人後面一定有個偉大的女人」，我不想變得

多偉大，只想著要成為他堅強的後盾。他想要創業，比如販售姓名貼、手機配件等，我心想需投入的金額不算多，因此毫不猶豫地投入所有的資金。我相信他，相信他的理想，相信他一定能夠成功。B先生基本上都沒出資，花的都是我的錢。

然而，現實總是比夢想殘酷。B先生的事業屢屢失敗，但我仍然堅信他下一次會成功，但始終沒有看到他的夢想實現。

這段感情讓我學到「不要計較」，男女在一起不需要計較這麼多，我也怕傷他的自尊心，在他編織的美麗夢想大網下，我總認為只要他能成功，將來兩人一定會幸福美滿，故事都會有完美的結局。我是認真相信他做得到，即便他的生意一次次失敗、一個換過一個，我總安慰他只是時運不濟、運氣不好。

我的思想很保守，總覺得初戀是第一個，也應該是最後一個，所以不管他怎麼欺負我，我全都忍下來了，

心中認定就是這個男人了，再好再壞都是他。

儘管 B 先生創業屢創屢敗，我還是一直為他想出路。我爸爸開木材工廠，表明只傳男不傳女，偏偏生下三姊妹。當初我想要接下木材生意來做，但爸爸覺得女生無法勝任，無情回絕了我。與 B 先生交往後，我便跟爸爸提議，讓他到我家工廠工作，培養未來的女婿接班，這樣總不能拒絕了吧。

安排到我家工廠任職後，兩人算是遠距離戀愛，但我只要休假就回老家陪他。我在客服部門一天只要上 5 小時的班，為了這段戀情，我會想辦法調班，比如早班做完接著做晚班，好讓休假天數可以多一些，才能去找男友。從東莞回老家，至少需要四、五個小時的車程，但我絲毫不覺得累，只要能多看他、多陪他幾個小時，再累再苦我也甘之如飴。

人家說「有愛飲水飽」，我差不多就是這股傻勁。

結果呢？後來被我發現他劈腿！他痛哭流涕跟我道

歉，我心軟原諒了他。但是一次又一次，B 先生反覆被我抓到劈腿。或許是因為對初戀的執著，我不願意輕易放手，總是想著這一次他能夠改變，能對這段戀情忠誠。

我會下定決心與 B 先生分手是因為不想辜負奶奶，奶奶在世時很常到廟裡拜拜，她算過我和 B 先生的姻緣「要什麼沒什麼」，她多次勸我三思而後行，但我總是抱有一絲期望，期望 B 先生會變好，會實現他的夢想。但B 先生除了習慣性劈腿，動不動就發脾氣的壞毛病也讓我的包容到了臨界點。

直到有一天再次發現他的背叛時，我感到心如刀割，痛苦和失望交織在一起，腦海中浮現已過世奶奶的話，我心裡默默說「收到了」，這才決心跟 B 先生分手。

或許，這一切都是上天給我的暗示，讓我清醒看待這段感情。

於是，我下定決心結束這段愛情，我不願再容忍他的背叛，也不想為他的失敗默默付出。安排他到我家的

工廠工作是為了給他一個轉機、給他機會改變，然而，他卻沒有珍惜，反而撕裂了我的心。

俗話說「殺人放火金腰帶，修橋補路無屍骸」，現實既殘酷又諷刺，愈是認真愈難得到真愛。

初戀或許很美好，但有時候放手也是一種解脫。我學會了珍惜自己，不再為別人的夢想付出一切，告別初戀情人或許很艱難，但我不想再被沒有安定感的感情束縛，決定走出陰霾，迎接新的生活。

我斷然提出分手，B先生當然不肯接受，拼命地試圖挽回，用盡一切手段想讓我回心轉意，可我已經做出了決定，不再被他的甜言蜜語或是恐嚇威脅所動搖。我開始避不見面，既然已經分手，就沒什麼好談的了。然而，分手注定不會是平靜的，甚至差點演變成一齣悲劇。他不願分手，開始使用極端的方式，採用的方法是「堵人」，他知道我的工作地點、東莞租屋處，所以就跑來站崗，希望能堵到我。

他甚至留言給我，表示拿刀在樓下等著我！

這種威脅式的言辭讓我感到毛骨悚然，我根本就不敢出門。

恐懼果真成了現實，還真的被他堵到。B先生進到我的租屋處，將門鎖起不讓我出門。

「你這樣做不好，我明天一早還要上班。」我只能虛與委蛇應付他。

「不用去啦，妳上什麼班！」他形同把我軟禁，語氣充滿瘋狂，言行舉止彷彿失控的野獸。

我求助無門，想拿手機打給同事求救時，眼尖的他一把搶過手機就往地下猛摔，手機被摔得支離破碎。我心想只能靠自己了，因為喊「救命」恐怕也沒人聽到，於是我躲進廁所，他進不來使勁轉著門把，歇斯底里反覆吼著「妳出來」，還想把門踹開。

我嚇到哭著發抖，怕他會做出更糟糕的舉動，還是

打開了廁所門，他衝進來把我拖出去。租屋處在五樓，有個小陽台，他居然把我拖到陽台，粗魯的將我抱上女兒牆，一手還拿著刀，陰沉沉說著：「妳先下去，我待會就下來！」

我知道他骨子裡還算孝順，對著他說：「你有想過這樣子對得起爸爸、媽媽嗎？」

我試圖用親情讓他平靜下來，但沒用，他還是想把我推下去。

我心裡飄出一個想法，他不是口口聲聲說很愛我，於是我說：「你弄痛我了。」

他本能反應愣了一下，我就趁著這一瞬間跳下女兒牆，然後一直哭、一直哭，他也一直哭。

「我真的沒辦法繼續下去，分開吧。」我說。

兩個人就這樣一直哭，他也不肯讓我離開，於是我捲曲著身體躲在房間角落，不願讓他碰我。B 先生或許知

道自己太衝動，只能在一旁看著我。

時間一分一秒過去，我用疲勞戰的方式以求脫身，讓他漸漸冷靜下來。緊繃的神經一旦鬆開，整個人就像是洩了氣的皮球，彷彿全般力氣用盡，疲勞感頓時湧現，我強忍著睡意，就這樣對峙了一夜，直到天色漸白到了早晨，他再也撐不下去累到睡著後，我馬上奪門而出逃到公司，但班也沒辦法上，趕緊請了假躲到附近同事家。

至於租屋處，我再也沒回去過，不敢再面對那段令人恐懼的回憶；而 B 先生就待在那裡期望我總有一天會回去，甚至放話拿刀在公司樓下堵我，也試圖跟朋友打聽我的下落。但我知道，這段感情已經結束沒有回頭路，但我的心靈已深受創傷。

歷經慘痛的分手噩夢，終於擺脫了恐怖情人。某一部份來說，我還是感謝 B 先生的，因為我學會了情緒管控，讓自己保持在高 EQ 狀態。

事隔多年，那段荒唐的過去早已雲淡風輕，我們也聯繫上成為普通朋友，B 先生已經是好幾個孩子的父親，年輕時的恩恩怨怨早已放下，我們都帶著真誠的心祝福對方過得好。

　　初戀不見得會像童話一般都有美好的結局，故事的走向或許是悲劇，即便歲月流轉，我們也不過是彼此人生中的一小段風景，彼此的緣分或許散落在遠方的天際，但愛過一回，才知道愛一個人是怎麼回事，對一個人失望又是怎麼回事，沒有失戀過，又怎麼能聽出情歌裡的哀傷。

··

　　有過美好、有過悲傷，都是人生旅途中的吉光片羽。

1-5　遭受言語暴力，失落的避風港

　　初戀為我的青春年華譜出美麗的音符，我們一起經歷了生活起伏，共享了夢想和希望，甜蜜的時光讓我以為愛情可以超越一切，然而隨著時光流逝，戀曲逐漸變調，他屢屢背叛讓我不再感到快樂，原本美好的戀情甚至變成了夢魘，那個有著陽光般笑容的大男孩怎麼變成拿刀威脅我的人？

　　於是，我決定結束這段感情，分手的那一刻，雖然感到心如刀割，但同時也感到解脫。即使五年的感情付諸流水，卻也讓我變得更加堅強和成熟，讓我開始懂得珍惜自己，也學會了斷捨離，放下不值得的人事物。初戀沒有好的結局，卻也是人生成長的過程，我才會變得更好，也造就出現在的我。

　　結束初戀後，為了躲避前男友的糾纏，我決定離

職。當年曾透過鄰居的介紹認識了一個台灣男人，偶爾會聊天，但只是隨意聊聊，就只是個普通再普通的朋友，直到我分手後，與這個台灣男人的互動才稍微頻繁一點。為了告別陰霾籠罩的感情，或許是想逃避，也或許是想找個可靠的避風港，我居然找了個不討厭的人結婚，希望能找回屬於自己的幸福。

是的，我嫁來台灣。

他大我 16 歲，心想年紀比我大，應該會比較疼我。他是證券營業員，第一次看到本人時，只覺得白白淨淨、看起來斯斯文文的，感覺沒有不良嗜好，是不討厭啦，但也沒有很喜歡。他也是客家人，而家族似乎有著他們獨特的觀念和習慣。相處之後，我發現他也懷有大男人主義，這是宿命嗎？但最令我困擾的是他的嘴巴很壞，言語之中充滿刻薄和否定，明明想要卻說不要，而好的都說不好。

我當初的念頭就是不討厭，所以決定嫁來台灣。

而且台灣很遠，可以躲避前男友，也能遠離我家。但我確實滿懷期待，心中充滿著夢想，希望能找到我真正的幸福源泉。然而這片土地雖然遠離了我的老家，但卻帶來另一種孤獨。

　　兩岸通婚很常見，人家都是老公飛到大陸迎娶，他則是叫我自己飛過來，大概是我過於獨立；被移民署刁難時，他也置身事外，要我自己去處理。我們並沒有舉辦婚宴，只到戶政事務所登記結婚，我雖然不喜歡繁文縟節，也沒夢想過要舉行童話般的婚禮，但認為至少應該跟親朋好友打聲招呼，不一定要聚餐或宴客，基於禮貌應該拜訪公公、婆婆的兄弟姐妹，跟長輩順便介紹我這個媳婦，但他全都打回票。

　　嫁來台灣三個月，我就懷孕了。對於一個剛剛嫁來台灣的女性來說，孕育一個新生命是喜悅，但同時也是壓力，我努力適應新環境，懷孕期間也去國小上注音班，同時也盡力去理解這個家庭的習慣和文化。然而，這並不是一個容易融入的家庭。

外人看夫家都覺得很好，雖不是富貴人家，但也算殷實，因為公公領有 18% 的退休俸，家裡主要開銷都由他支出，子女算是沒什麼壓力。公公那時已罹患帕金森氏症，我既然成為台灣媳婦就要善盡媳婦該做的責任，所以會帶公公去散步、曬太陽、陪他說說話，但過了沒多久，發現這個家庭對我的態度很冷淡，他們說我是外人，不應該管那麼多。這讓我感到不解，這難道不是一個家庭應該共同照顧和關心的事情嗎？

奇葩，真的是一家都是奇葩！

夫家除了公婆，我老公還有一個弟弟、兩個妹妹。單身的大姑住在家裡，跟我老公一樣都在證券公司任職，小姑雖然嫁出去了，但每天午餐、晚餐都回娘家吃，晚上洗完澡才回自己住處。小叔住在附近的套房，兒子則是丟給我婆婆帶，全家人都很寵，只要一哭，要什麼有什麼。

一家人對其他人都很客氣，但長期相處下來，卻發

現有很多特別的地方，當然，每個家庭或許都有自己的習慣或文化，但我即使努力想融入也不得其門而入，甚至與我的認知、社會經驗相違。

婆婆是很單純的客家人，單純到沒有主見，什麼主見都沒有，屬於逆來順受、人家說什麼都好的類型。我們沒有婆媳問題，她也沒對我不好，因為，在婆婆眼裡，我始終是個不相關的外人，我努力想拉近婆媳距離也是徒勞，她總是冷冷的。像是我看見婆婆身體不舒服，顯然已經痛到快無法忍受，便表示要帶她去醫院，她卻婉拒，「毋使（客語：不用），毋使，妹仔（女兒）來載就好」，就算快撐不下去，婆婆也要等自己的女兒來，但女兒顯然很不情願，而且會怪我這個媳婦怎麼不幫忙。

至於公公雖然罹患帕金森氏症，但常常偷接神祕女子打來的電話，全家人應該都知道是誰，卻都裝作沒這一回事，也要我別多管閒事，這樣的態度讓我更加感到被排斥。

我再怎麼努力，也無法被他們視為「家人」，只因我是從大陸嫁來的。當初我盼望這片土地帶給我避風港的感覺，在這個家庭卻讓我更加迷茫和孤寂。

　　為了結婚，我毅然決然地放下了一切，離開了熟悉的家鄉。初來乍到，我充滿了對未來的憧憬，期待著共同建立和睦的家庭，懷著這份期待，我努力融入這個家。然而，幸福並非總是如我所願。懷孕後，醫生建議可以多散步，是適合孕婦的運動之一，我常常等到老公下班，希望他陪我去走走，到公園或是家樂福等賣場逛逛。

　　「死大陸人，就是愛出去！」

　　「就知道要花錢！」

　　他總是這樣嘮叨，但我只是想散散步，分享彼此的心情，並沒有想要花錢購物。他的言語彷彿帶著利刃，每一句都深深地傷害著我的心。雖然他還是會帶我出去，但就會一直唸、一直唸，原以為這只是他一時逞口

舌之快，但漸漸地，才發覺他似乎骨子裡就歧視著我。

走在路上，他也不肯牽著我、與我並肩同行，而是走在前頭，我只能挺著大肚子在後面追呀追的；到了家樂福，可能是怕我買東西花錢，沒一會兒就會嚷著「走了」、「走了」；就算是在美食街點了東西吃，他也是自個兒很快吃完離開，絲毫沒顧慮到我，一點浪漫都沒有。

我原本的一點憧憬，想像著能和老公手牽手散步根本就沒發生過，只有大肚婆和後面追追追的畫面。對於我的期望和夢想，他總是以冷嘲熱諷的方式回應。

每一次單純出去散步，總是不愉快的回家。

懷孕足月時，我是半夜十二點破羊水，眼看孩子都快生出來了，老公居然跟我說「明天再去生好不好」！

只因為家中的鐵門打開時會發出聲音，他怕吵到鄰居！羊水都破了，他顧慮的卻是這個！我自己連忙叫計程車，並張羅要帶去醫院的東西，等到計程車來了，我上了車，他卻遲遲未上車。

「你咧？」我望著車旁的他問道。

「我明天早上要上班，妳自己先去，我等一下騎摩托車去醫院。」他說。

反倒是運將比他還緊張，我擔心羊水破了會弄髒座椅，好心的運將還要我別擔心，用最快的速度將我送到醫院生產。到了醫院後，開指速度沒進展，一直生不出來。

老公雖然來了，見狀卻說：「裝什麼裝，死大陸人，就會裝！」

我痛到快去理智，只能吼「不然你來生」。熬到天色肚白，還是生不出來，沒想到他卻站起身來轉頭就走，只拋下一句「我去上班了」。正常來說，在這種情狀下，老公應該都會請假陪產，就算不是擔心老婆，也會為了即將出世的孩子吧。

我則是繼續痛苦了幾個小時，一直到醫生說可以了，過了中午進產房大概十多分鐘後，兒子就順利出生

了，但這過程真的煎熬。

看到兒子皺巴巴的可愛模樣，原本疲累又感到孤單的我，瞬間就融化了。再怎麼累、再怎麼委屈，只要有兒子就通通無所謂了。

事後，我問老公怎麼能講出那麼難聽的話，他表示「沒有惡意」，理由是「為了讓妳分心，其實是在幫助妳，所以才會這樣刺激妳」，我聽到這種答案，心都涼了，很難想像到底是什麼的教養與社會經驗，會讓一個男人對老婆說出這種話。

他是愛面子，明明是關心，卻以傷人的方式或言語表現出來。

總是譏諷、嘲笑，事後卻解釋為開玩笑，不管我說什麼都要反駁，為了反對而反對，而且有意無意總是貶低我，很明顯我遭受了言語暴力。

言語暴力如同一場漫長的施虐，每一句都深深地傷害我的心靈。他的言語不僅摧毀了我對婚姻的期待，也讓

我覺得自己的價值在他眼中愈來愈微不足道。

言語暴力一直折磨著我，那怕是我再堅強、再勇敢、再熱情，也會慢慢消耗殆盡。

兒子出生後，我們有溝通過，因為「孩子三歲定天性」，所以孩子我自己帶，等到兒子三歲後，我再去找工作。但他的個性就是反反覆覆，經常以謾罵、詆毀、嘲笑、侮辱的言語羞辱我。

「死大陸人都不會賺錢！」

「就只知道花錢！」

老公一個月給我一萬元家用，其中包含孩子的奶粉錢、尿布錢等開支，然而，他卻認為這是對我的「慷慨施捨」，給家用也不好好拿，需要我開口，拿出來時則是用丟的，真的非常糟蹋人。我不喜歡用男人的錢，但非不得已，我需要照顧孩子沒辦法出去上班。為了省錢，兒子很小時，我就訓練他減少對尿布的依賴。

家用給得不情不願，我要求乾脆固定時間給，不管是每個月一號或五號，等發薪水後固定放在一個地方就好了，但他就是要我開口，然後再用丟的方式給我。我不清楚這是不是反映出他對權力和控制的慾望，還是內在的不安全感，導致他試圖利用控制金錢來滿足虛幻的安全感，或是缺乏自信。

　　用侮辱性的方式把負面情緒轉嫁給我，難道就能減輕自己的心理負擔嗎？但這絕對不代表這種行為是健康的。

　　曾經期待著充滿憧憬的未來，卻只剩下破碎的夢想。

....

　　原以為結婚有了孩子，家庭會是我的避風港，
沒想到所有的風和雨都是他帶來的。

1-6　人善被人欺，挺過夢魘獲重生

　　面對老公的言語暴力，在家帶兒子不到三年，我就出去工作了，因為受不了他老是碎唸「都不去工作」，所以我開始到餐廳上假日班，一天一千元，工作內容就是端盤子、洗廁所，雖是平凡的工作，也不是什麼高大上的職業，但至少讓我感受到一絲被需要的滋味。結果，又被說話了，「好不容易放假，結果還要帶妳的小孩，這樣都不能好好休息。」

　　我在家並非無所事事，除了照顧兒子，還要打掃整棟透天厝，但老公卻似乎對這一切視而不見。被要求趕快出去工作，我必須等到他休假，不然兒子沒人帶，不料他卻指責我不讓他好好休息。兒子不是你的或我的，而是我們的。我照顧五天、老公照顧兩天，應該很合理，但這也變成他指責的藉口。

我努力尋找平衡點，但他似乎永遠都無法滿足。

我真的無所適從，在家照顧兒子被罵米蟲，外出工作嫌我不體貼，不論怎麼做，他總有理由碎碎唸。

後來實在沒辦法，我就找了一家費用還負擔得起的托兒所，將未滿三歲兒子送去。兒子初期不適應整天哭，看到寶貝兒子哭得上氣不接下氣，我當然心如刀割，但只能心一橫，後來在屏東中央市場找到販售飾品的工作，有底薪，看業績多寡還有抽成獎金。

如願找到正職工作，結果，老公卻跑來鬧事。他跑到我工作場所，像個門神一樣站在那裡，繃著一張臭臉，理由竟然是懷疑我和老闆有不正當的關係。甚至在眾目睽睽之下指著我痛罵，讓我無地自容，同事和顧客的目光猶如一把把利劍，割斷了我在職場的生存空間。

老闆萬般無奈只好要求「妳要不要把家務事處理好再來」，搞到我幹不下去，最後只能辭職。

老公為什麼這樣做？

我只是去工作、認真工作，下班除了趕著接孩子回家，還要煮飯給一家人吃，葷食要煮四人份、素食也要煮四人份。因為嫁出去的小姑長年茹素，所以我煮一輪後，必須把鍋子全部洗乾淨再煮素食，雖然內心時常感到疲憊，但我仍努力希望讓每一餐都變得更美味，時不時就改變菜色，然而這份用心卻不見得被理解。

　　說起來我還蠻厲害的，來台灣之前，我根本就不會下廚，嫁來台灣後卻變成廚藝高手。

　　煮好後，他們不在餐桌用餐，反而都端去客廳配電視吃。兒子很小的時候就問過，「為什麼他們都可以邊吃邊看電視，我卻要坐在餐桌旁？」我只能笑笑回答：「你要乖乖坐在這裡，我陪你一起吃飯，吃完了才可以玩。」或許，這是我給自己和兒子設定的一種生活態度，也是我想要培養他良好用餐習慣的方式。

　　如今我很自豪兒子不只品行好，用餐習慣也很好，不會像有些小孩一口飯要餵很久，甚至跑來跑去，父

母、長輩還得追在後頭跑。

我知道每個家庭都有自己的習慣，但有些和我從小接受的教養大不相同。比如東西拆下的包裝隨便扔，不順手放入垃圾桶，都和我的習慣不同。結果呢，老公回到家見狀卻是指責我。

「這麼懶，都不整理！」

「死大陸人，就是這麼懶！」

殊不知造成髒亂的，都是他的父母、弟弟、妹妹。我並非二十四小時待命的傭人，沒辦法盯著他們把東西丟哪裡。習慣不好，是父母從小就沒好好教導。

人善被人欺，馬善被人騎。你的付出被當成理所當然，變本加厲對你要求愈來愈多，指責、辱罵也愈來愈誇張，做也被罵，不做也被罵，後來我乾脆擺爛，老娘不做可以了吧。

人與人之間的關係，應該是建立在尊重和理解的基礎

上。我不求回報，也不求感激，但至少要給予一定的尊重，而不是嫌東嫌西、雞蛋裡挑骨頭。我曾經多麼渴望被理解和支持，但現實卻一次次地打擊著我的努力。我想要的並不多，可為什麼變得如此困難？

兒子很小的時候，我曾把他帶回廣東老家請爸媽照顧一段時間。阿公、阿嬤養的孫子就是不一樣，隔一陣子再見面，看到兒子變得胖嘟嘟，穿著厚厚的棉襖在工廠裡玩耍、追雞、撿雞蛋。

但老公彷彿恐怖情人，會半夜兩三點打電話來怒說「何時把兒子帶回來」、「再不回來就殺了妳」，用這種方式、言語折磨我，但問題是若將兒子留在台灣，老公表明不願帶小孩，婆婆、小姑也都拒絕幫忙照顧。

說真的，為了兒子，我可以忍氣吞聲，直到發生一件事算是踩到我的底線，再也無法忍耐下去。

雖然是住透天厝，但因為人多，家裡沒有空房間可以招待來訪的親友。我嫁來台灣後，爸媽一直很擔心我

過得如何，為了讓他們安心，打算申請讓爸媽來台灣探視，但苦於沒地方讓他們住，我後來有能力了，在屏東機場北路大樓買了一間三房的房子，終於可以讓爸媽來台探親有落腳之處。

那時我還沒取得台灣身分證，申請過程中，一直被老公刁難，我以為必須配偶簽字蓋章才能讓爸媽順利來台，卻被老公百般推託，這讓我感到詫異與無奈。後來去問移民署，承辦人員說「不用理他，只要有台灣人做保證就可以」，才明白老公只是虛張聲勢故意為難我。後來就是請工作的老闆幫忙，媽媽才得以來台探親。

那一次只有媽媽來台灣，可以停留三個月，但媽媽待不到一個月就想回去了。這期間我常看到媽媽暗自流淚，看著她眼中的淚水，我感到難以言喻的心痛，不知發生了什麼事，追問之下，媽媽只說了一句：「他是啞巴嗎？」

原來，媽媽來台一個月，老公居然沒開口叫過一聲

「媽媽」，這是不尊重。媽媽是五十五年次（民國），老公是五十六年次，兩人雖僅相差一歲，但就輩份來說，媽媽就是長輩，老公卻說他叫不出口。再來就是儘管在媽媽面前，他對我的態度也很差，連請老公演一下讓媽媽放心，他都不肯。

言語羞辱、眼神嫌棄、厭惡表情，這些媽媽都看在眼裡，天底下有哪個母親能忍受自己女兒被人家這樣糟蹋？為了怕媽媽無聊，拿平板電腦給她追劇打發時間，明明是讓人捧腹大笑的情節，媽媽卻常常流淚，我知道這是心疼，心疼遠嫁到異鄉的女兒被欺負。

讓媽媽為我感到委屈、心痛，這觸碰了我的底線，讓我下定決心要離婚，不能再忍受這樣的生活，要為自己和媽媽找回尊嚴。於是到處尋求法律扶助，找新住民協會諮詢，歷經多次出庭、婚姻諮商，花了五年的時間打離婚官司，後來換了法官，開庭時，新任法官詢問雙方離婚的原因。

「我一定要離婚，已經沒辦法與他相處，他甚至曾開口說要殺了我。」我向法官陳述，這樣的威脅和恐嚇讓我感到極度害怕，為了自保曾記錄下來，這些錄音成為法庭上的有力證據，讓我在這場離婚官司中有了一絲勝算。

「我不可能跟她離婚，我很愛她，這個家庭不能破碎。」老公面對法官詢問時這麼回答。

他的回答讓我無法置信，仿佛兩人處於完全不同的世界，聽到這些話，壓抑不住悲傷，我淚水奪眶而出。當初他把我罵得多難聽，還要我能滾多遠就滾多遠。

「我真的很愛她，她脾氣也不好，都會罵我。」老公居然這樣對法官說。

「她怎麼罵你的？你罵給我看。」法官問了。

聽到法官的詢問，他一時語塞，良久竟說不出一句話，他的沉默在法官面前更顯得無力。

詢問完畢，法官要我們回去等通知，後來收到判決，終於准許離婚，讓我感到沉重的包袱彷彿消失了。

　　花了五年打離婚官司，我終於恢復了自由身。兒子的撫養權判給爸爸，但我爭取到探視權，每個月隔週的週末可以與兒子共度。

　　當年結婚時，他大概給我娘家新台幣 10 萬元當作聘金，我爸媽將這筆錢買了項鍊、手鍊、黃金等給我。離婚時，他竟要求歸還，「妳要把黃金、首飾還給我，因為是用我的錢買的。」他居然這樣說。

　　離婚唯一不捨的就是我的兒子。我和兒子感情很深，雖然現在法院判我們一個月只能見兩次面，但他永遠是我心裡最軟的那一塊肉，每次與他相聚的時光雖然有限，但我珍惜、把握每一分每一秒，期盼兒子感受到母愛的存在。兒子很懂事，我覺得他是來報恩的。當時生產碰到天氣很冷，過了預產期還沒有動靜，我在心裡問：「你是不是因為擔心媽媽照顧不好你，太冷了，不用擔

心，媽媽會好好照顧你。」他在肚子裡踢一踢，彷彿是給了回應，晚上十二點就破羊水了。

母子每次見面時，我總會告訴他：「雖然媽媽平常沒辦法管到你的功課，讀書要認真、努力，課業要聽爸爸、老師的教導，但我以身作則可以教你生活上的教育、品德。」我希望兒子能夠變成一個有自信、內心良善的人。

無論如何，我終於擺脫了言語暴力的陰霾，不必忍受對我的歧視與無理指責，重新獲得自由的感覺是如此奢侈，但我也明白這是自己的重生，能夠繼續踏上學習、成長與感恩之路。

1-7　每一次遇到的問題，都轉化成學習的機會

　　在屏東中央市場販售飾品的工作，讓我學到了連環銷售的技巧。

　　我們銷售的方式是利用十元的小飾品吸引客人進門，但讓他們甘願買了幾千元的商品才離開，像是可以買韓國帽子、防曬衣、皮帶等。工作時也蠻精彩的，因為牽涉到業績抽成獎金，部分同事之間會勾心鬥角。

　　在繁忙且競爭激烈的市場裡，人際關係往往成為一場微妙的博弈，充滿了勾心鬥角和爾虞我詐的情節，我本著與人為善、維持和諧關係的原則，不願與同事衝突，但有時過度的退讓會換來難以忍受的欺壓。然而，當同事的挑釁態度實在太超過時，我也會忍不住出聲提醒。

　　有一次，當我接待客人講解商品時，一位同事竟然硬生生地插到我面前，就這樣搶走我的客人。我想避免

引起不必要的矛盾，於是選擇了退讓，心想讓給她就是了。我總是告訴自己「沒關係，等下一個客人就好」，然而，這樣的情況卻一再發生，使得我的耐心逐漸耗盡。

當這種情況一再發生，有一次我終於忍不住出聲提醒，她卻以一種挑釁的態度大吼著：「怎樣？要打嗎？來呀！」這樣的囂張態度令人難以忍受，也讓我感受到了同事間的競爭激烈和惡劣氛圍，我意識到，吞忍固然能維護表面的和諧，但不能視為理所當然，否則將陷入被動的窘境。

隨著情勢升溫，衝突不可避免地爆發。老闆娘及時趕到試圖調解，為了防止糾紛擴大，決定將我們兩人的排班錯開。這或許是一種權宜之計，但對我而言是一種無奈的妥協。這場衝突也讓我意識到，職場上的和諧不只能由單方面付出，有時需要堅持自己的原則。

競爭雖然在所難免，但若是欺負到頭上了，好呀，誰怕誰！我吞忍不代表好欺負，我選擇退讓，若少一個

客人能換來和諧也心甘情願。強摘的瓜不甜，這個同事並沒有做得比較好，業績始終無法提升，最後只能默默提辭呈。

職場上或許有許多黑暗面，但同事之間其實可以共好。雖然與某個同事產生衝突，與此同時我和另一位同事卻很有默契，我們互相幫忙、協助成交，共同努力提升業績。這種積極的合作方式不僅讓我們業績保持在高水準，也為整個團隊帶來了正能量。

同事之間有競爭才會進步，但不同的是該如何選擇應對方式。我深信，良好的合作和尊重原則才是建立和諧關係的最佳方法。這次的經歷也讓我更加堅定自己的價值觀，懂得勇敢爭取權益，才是建立職場和諧的重要一步。

屏東中央市場算是蠻大的市場，在這裡工作可以見到形形色色的人，也讓我學會觀察。這份銷售工作讓我學會不少銷售技巧，我也有了穩定收入來源，卻被前夫搞到做不下去，後來我換了幾個工作，也曾在義大當鞋子

品牌專櫃小姐，把過去別人做不起來的業績拉起來，成功地將業績推向了前所未有的高峰。這個經驗不僅讓我意識到認真工作的力量，也讓我在一人店的獨立環境中發揮了潛力。

在市場工作的經驗中，我學到了如何善用連環銷售的方式，從而激發顧客的購買慾望。這種技巧在鞋子品牌的專櫃工作中發揮得淋漓盡致，我不僅仔細了解每雙鞋子的特色，還懂得如何根據顧客需求給予適合的推薦，不僅滿足顧客的期望，也更提升了我的業績。最驚人的一次是成功地讓一位顧客購買了十八雙鞋，他甚至打算將鞋子寄給國外親友。這不僅是對我的銷售技巧的極大肯定，也是對我的認真態度的回報。

為什麼我能做到別人無法達成的業績？就是因為我認真。

認真工作的關鍵不僅是銷售技巧，還有對工作的熱忱。義大專櫃屬於一人店，也就是只有我一個櫃姐，我

總是很早就上班，不僅有足夠的時間清潔和打掃以確保環境整潔，也會根據季節和流行趨勢來調整商品陳列方式。這種主動性和積極性不僅提高了專櫃的整體形象，顧客也更願意佇足停留並挑選更多商品。

此外，專業知識也是讓業績出色的重要因素。我深入了解每雙鞋子的製作材料、風格特點和功能性，因此顧客提問時能提供專業的建議，並贏得信任。這種信任感不僅轉化為單次購買，更讓顧客成為忠實的回頭客，進一步提升了業績。

事後打算離職時，老闆還企圖以加薪的方式挽留，但我最終還是選擇離開，打算做自己更喜歡的事。

在平凡的工作中，也能創造優異業績的可能性。

我的工作出現轉折，從專櫃小姐到直銷行業，和我剛出社會時被騙需要拉下線的傳銷不同，直銷需要直接對客戶進行銷售，這對於我來說是一個全新的領域，透過努力學習，我回顧自己在市場的銷售經驗，明白如何

激發顧客的購買慾望，同時也是培養領導能力的良好途徑。所以從一開始的「小白」什麼都不懂，到後來月收入二十萬元，主要的銷售產品是小分子肽，我們會去很多地方，也學會了溝通技巧。

　　領導人成為了我的學習目標，他的優秀表現令人印象深刻，在短短一年內，他就成功地轉動了六千萬的收入，這令我非常驚訝。我開始仔細觀察他的工作方式，試圖理解成功祕訣，因為他不僅擁有優秀銷售技巧，更懂得帶領團隊，這讓我深受啟發。

　　公司常舉辦課程講座，我也試著突破自己，開始當主持人、帶夥伴，也培養了在公開場合的表達能力。說實話，組織行銷的收入沒有很穩定，有可能這個月賺二十萬，下個月卻沒有，但透過不斷挑戰自己，收穫了滿滿的經驗值，同時也結交了許多優秀的夥伴。

　　為了擴展視野，我毅然決定自費跟著領導人到越南、汶萊、印尼等國家，參與了一個月的東南亞之旅。這趟

旅程不僅是對自己的一種挑戰，更是為了脫離舒適圈、同溫層，還給自己下了一個陌生開發的任務。

在飛往越南的飛機上，我開始執行計畫，主動與鄰座的陌生旅客攀談，從起飛到落地，我們相談甚歡，這位旅客還給了我一個大驚喜，在抵達越南後，他一下飛機就打電話給友人約喝咖啡，並介紹了當地華人圈的人脈給我。旅行的第一天，我就在越南認識一位工廠老闆，事後更建立了業務夥伴關係，這也讓我深刻體會到勇於冒險的重要性。

我沒有當地人脈，領導人要出訪，我當然要借力使力不費力。而且我需要賺錢，每天都有支出，並沒有人會給我錢，已經沒有退路了。在組織行銷的工作中，我深深體會到說話技巧的重要性。我學會了敢講，就像學生時代學習英文時敢開口一樣，只有勇於表達自己，才能獲得機會。我在沒有當地人脈的情況下，藉著領導人的出訪，善用自己的勇氣和說話技巧，成功地擴大了自己的人脈。這段經歷讓我更加相信，人生處處有貴人，

只要敢於嘗試，機會就會主動找上門。

其實我就是敢講，就像學生時代學習英文一樣，勇於開口就有機會。

組織行銷有其魅力，因為一變二、二變四、四變八……，一直裂變。組織行銷的人都很懂得說話技巧，講得好像你一定會賺很多錢，那時候我其實對這個行業懵懵懂懂，但多虧遇到貴人，使我能夠踏入這片新領域。

銷售技巧、領導能力培養、深層次溝通技巧，帶著不斷學習的渴望，我深刻體會到認真不僅是為了工作本身，更是在成長的道路上不斷挑戰、突破自己的過程。

人生處處有貴人，我在工作前曾去職訓局上觀光旅遊人才培訓班，課程是針對新住民開設，不但全額補助費用，甚至還有職業訓練生活津貼，我記得領了三萬多元，課程中除了專業知識，也讓我更加瞭解台灣各地民俗風情，所以後來我很喜歡來場島內小旅行拓展視野。

在培訓班中，我認識了一個大姐，她改變我非常

多，也是大姐引領我進入組織行銷事業，一開始帶我去的是鍺皂洗酸的公司，號稱藉由鍺釋放的遠紅外線及負離子促進新陳代謝，有效恢復身體機能。這個市場很大，但價格也不便宜，一個單位要價 8 萬元，我手頭沒錢還去借錢，結果沒賺到錢。

大姐後來又接觸到小分子肽，只需 3000 元就可以入行，大姐覺得很適合我，於是帶我入行。大姐覺得鍺皂洗酸害我沒賺錢過意不去，所以教我許多，也很照顧我的日常生活，幫我在高雄找到租屋處。

大姐個性爽朗，會賺錢、又買房子，我非常欽佩，把她當成學習目標。大姐的生活充滿儀式感，而且很講究細節，還會提點為人處世的眉角、教導說話的技巧，比如「吃飯先」、「先吃飯」，雖然是同樣意思，但太過口語很容易讓不熟識的人誤解，大大改善我講話無意中得罪人的缺點。

有了這樣的「偶像」，我學會了與人交往觀察細節。

爾後我又跟更高階的領導人學習，比如面對異議問題的處理方式、陌生開發等，我渴望充實自己，就像一塊海綿渴望吸收水分一般，將學習當作自身進步與成長的動力源泉，不斷學習的心態也讓我更靈活應對瞬息萬變的職場，而這個過程就像是海綿慢慢吸收水分，需要細心、耐心，也要擁有持之以恆的努力。

排除情緒化，以系統化學習各種銷售、處事應對技巧，我也變成了可以授課的講師。我勇於接受新事物，即使陌生的領域也會努力學習，跟隨許多老師學到許多寶貴的知識與經驗值，就算不適合我的行業，也能了解運作模式，對於後來自己開公司有很大的助益。

第 2 章

2-1　人生很難，不要為難自己

「人生好難！」我曾聽過許多人這麼說。

人生可能因為家庭環境、健康狀況、職業挑戰，甚至是人際關係等各方面遇到艱難的問題；也或許人生的難處來自於內心的掙扎、情感的困惑，甚至對生活的意義感到迷惘。

有朋友曾經絕望的向我傾訴，覺得人生有著許多必須面對的難處，好比失去親人的痛楚、疾病纏身的折磨、遭遇失敗和挫折的打擊等，這些困難似乎考驗著意志和毅力，更考驗著心理素質和情感韌性。

我在人生低潮之際，也曾經有過「人生很難」的念頭，那時最主要的原因是因為覺得人生充滿了未知的變數，即使我很努力，甚至只存在一點點卑微的願望，希望老天能夠憐憫我，但命運似乎沒按照我想要的日子

過，反而朝著讓我無法招架的方向，似乎無法預測未來會發生什麼事情，也無法完全掌控外界環境的變化。就是這種不確定帶來了許多挑戰和困境，一度讓我感到焦慮和不安。

然而，即使人生充滿了困難和挑戰，我從未放棄過希望和信念，我始終認為必須克服困難和挑戰才能夠成長，也才能實現自己的價值和意義。

人生之所以難，恐怕是太在乎世俗的眼光。

人生之所以艱難，正是因為我們要面對外界各種壓力和期望和壓力，可能來自父母、朋友、戀人、同事，甚至是社會大眾的眼光，在努力想滿足所有人的期待時，卻往往陷入無法兩全其美的困境中。

父母希望我成為他們心目中理想的孩子、朋友希望我與他們志趣相投、戀人期待我成為他們心目中那個溫柔體貼的模樣、老闆和同事期望我在工作上能夠嶄露頭角……，在這種「被期待」之下，往往背負過多期望而感

到壓力重重。

每個人都想當好人，不想被別人討厭，也因此做每件事情時總努力想要討好每個人，卻常發現讓自己陷入了兩難的困境中。努力迎合父母的期待，卻永遠達不到期望；努力保持友好的態度，卻被朋友覺得不夠貼心；努力完成工作目標，卻被同事認為過於固執……，似乎不管怎麼做，都有人不滿意，也因此往往感到身心俱疲，不知道該如何是好。

「嘉心，你很棒了！」我後來常常這樣鼓舞自己，因為我明白了，人生其實並不是一場競賽，也不應該是一場取悅他人的遊戲。我不需要讓外界的期待和評價左右自己的人生，也不應該讓自己陷入無止境的「被期待」。

人生應該過得更加灑脫一些，不必在意流言蜚語，不必為了討好他人而犧牲自己的原則和價值觀。

在面對壓力時，要懂得學會放下包袱，保持一顆平和的心，不要讓自己被外界的評價左右，不要讓自己被

事困擾，更不要被虛榮所困。與其終日為了取悅他人而煩惱不已，不如學會一笑置之，懂得釋懷，只要堅持自己的信念和價值觀。

這並不代表我們就不管他人眼光，也不表示從此隨波逐流，而是告訴自己要堅持做正確的事情，堅持追求自己的夢想，不管遇到什麼困難和挫折都不要放棄信念與希望。

堅持走自己的路，堅持做自己，你才能走得長久。

「有一種成熟，是不為難自己。」我想起了曾聽過這樣一句話。

年輕時，我不懂這句話的意義，總覺得這根本就是逃避、幫自己找藉口；年紀漸長後，我漸漸領略了這句話的涵義，原來只有心態成熟，才知道如何面對自己、堅持原則，不再不自覺給自己設定過高的期望，而是穩健踏實朝著目標努力。

百分之百完美並不是真正的成熟，懂得接受自己的不

完美、明白每個人都有獨特之處、並尊重自己的努力，這才是成熟的體現，也是不將自己逼入牆角的大智慧。

生活常常充滿了未知變數，當心態成熟後，才不會被外在波濤擾亂內心的平靜。這絕對不是逃避現實，而是以冷靜的理性態度面對一切起伏。

而這種成熟態度，也會體現在對他人的理解和寬容上，因為不為難自己的同時，也意味著不會將類似的壓力轉嫁到他人身上。就像我現在的工作，就是站在他人的立場理解當下的處境，給予支持與包容，進而協助維護個人權益。

對於未知的將來其實不需感到擔心害怕，若我們對自己已經充分了解，就會充滿信心，在成熟的心理狀態之下，就能從容地面對人生的種種變數，並從中獲得啟發。

不要再為難自己了！

有時候一事難兩全，做事千萬別顧此失彼，但兩面都想討好卻可能落得裡外不是人，反而把兩方都得罪。

所以不要為難自己，人生應該過得灑脫一些，別在意那些惱人的流言蜚語。至於是非對錯，只要堅持所擁抱的信念、正義價值都是正確的，就無須計較他人的議論。

如果要理會每一個人的意見，會讓自己太累，反而傷害了自己，就像我一直強調的，只要願意相信我、給予信任，我就會義無反顧的幫忙、協助；反之，若是無法給予信任，就一切隨緣吧。

與其終日像隻鬥犬呲牙裂嘴到處爭鬥，我們不妨學會一笑置之、懂得釋懷、笑罵由人，只要堅持做對的事情就好。

....

人生的意義在於追求自己的夢想，堅持自己的價值觀，活出真我！

2-2　人生很苦，不要辜負自己（向上）

　　我有時候會這樣想：人生彷彿一道菜餚，它可能有著各種滋味，酸、甜、苦、辣，就像是人生百態一般。

　　酸味，總是讓人眉頭一皺，嘴角卻又忍不住上揚，彷彿是生活中的小驚喜，就像咬下去酸溜溜檸檬的那一瞬間，那股迷人酸爽讓人又愛又恨，味蕾似乎都跳起了歡樂的舞蹈。

When life gives you lemons, make lemonade.

　　學英語一定都學過這句俗諺，是呀，當生命給你一顆檸檬，就做杯檸檬汁吧！

　　酸味就像是曾經遭遇過的失敗與逆境，提醒著我們人生並非一帆風順，但它卻讓人回味，因為有過跌落谷底再躍起的經驗，才會更加珍惜成功果實的甜美。

甜味則是人生中最美好的部分，讓人感受到溫暖與幸福。

　　它可能來自於愛情、友情、親情或成就感，彷彿是一個溫柔的擁抱，總是在最需要時出現給予安慰。它就像是將一小口蛋糕送入嘴裡，讓人生頓時充滿了幸福滋味與甜蜜感受。曾有人悲情的詢問我：「為什麼我都感受不到人生的甜美？沒有人帶給我甜美的滋味？」

　　別氣餒呀！為什麼要等待別人帶給你幸福？你自己就可以栽種甜美的果實、自己去營造幸福，整天怨天尤人，大家看到了唯恐避之不及，好運當然跑光光；要跟我一樣整天都笑嘻嘻，心情就會跟著甜蜜起來，每一天自然就會充滿愉悅和幸福！

　　至於苦味則是人生中無可避免的一部分，失望、悲傷、失敗帶來的苦味總令人心痛，但也正是在這些苦澀的滋味中，我們才能找到成長和學習的真正機會，並學會堅持，也會更加珍惜幸福的時刻。

人生很苦，不要辜負自己。

失敗、挫折、疾病、失去摯愛、生活遇到的困境等等，這些苦難總讓人體會到生命的無常，若是意志不堅定，很可能會因此感到絕望，甚至失去前進的勇氣。但苦難是人生的一部分，正如金子需要經過火煉才能變得更加閃耀，我們則是需要經歷生命的磨難才會變得更加堅強和成熟。

我也曾面對人生的苦難，甚至遇到威脅生命安危的狀況，企圖把我推下樓、恐嚇要把我殺死……，但我都挺了過來。說實話，當面對逆境時，還要冷靜保持毅力和勇氣並不容易，逆境往往會帶來失望和沮喪，但我意識到負面情緒無法改變現狀，於是我學會了接受現實。

舉例來說，當年我當售貨小姐時，剛開始推銷商品給客人總是被拒絕了。起初，我感到非常失落且沮喪，但後來我意識到這就是現實，商品賣不出去，我就達不到業績，沒有業績就沒有獎金。但我很清楚自怨自艾並

沒有幫助，所以接受了這個挫折，憑藉著一股向上的動力，我從失敗中學習，讓我變得更成熟。

不懂就要問！我發揮勇於開口的長處，不只請教前輩如何與客人應對進退，也大膽詢問消費者為什麼沒有興趣、購買的原因。人生已經夠苦了，千萬別悶著頭，要懂得尋找支持和幫助。否則在逆境中常常會被孤獨感吞噬變得更無助。只要敢開口，身邊總是會有貴人願意伸出援手！

也不要辜負他人的好意，更不要辜負自己，負面情緒只會讓事情變得更糟，努力保持積極的心態，相信事情會變得更好。遇到挫折時，我會告訴自己，「嘉心，這只是暫時的困境，我有能力克服它！」我抱持這樣的心態，所以總能從逆境中找到出路。

人生不要只想著避免苦難，應該要思考如何面對它，讓苦味成為成長的養分，讓逆境成為堅持的動力！

有人說，辣並非一種味覺，而是痛覺！這話也沒

錯，辣味不同於其他味道，它可以激發出興奮感，令人感受到生命的活力。我覺得人生中的冒險和挑戰就像是辣味，讓我們敢於冒險，不斷追求更好的自己。

酸甜苦辣，就像是人生百態，每一種滋味都是人生的一部分，塑造出品格和人生觀。面對人生的滋味，千萬別辜負自己，要尊重自己的價值，不要讓苦難摧毀信念，保持「向上」的心態，無論遇到什麼狀況都要相信自己能克服一切。

⋯⋯⋯⋯⋯⋯⋯⋯⋯⋯⋯⋯⋯⋯⋯⋯⋯⋯⋯⋯⋯⋯⋯⋯⋯⋯⋯⋯⋯

俗話說得好，「不經一番寒澈骨，怎得梅花撲鼻香。」只有經歷過生命的苦難和挑戰，才能更加珍惜生命的美好，這也就是「不要辜負自己」的真諦所在。

2-3　人生很累，不要勉強自己（樂觀）

　　把吃苦當作吃補！如果不想成為魯蛇，確實要有這樣的體悟，但老是吃苦，相信沒有多少人會心甘情願，所以我不會矯情的要你只吃苦，擁有一顆樂觀的心，才能在吃苦的過程中找到樂趣，並從中成長，才能換來甜美的收穫。

　　只會吃苦，到頭來卻只是一場空，那就太不划算了！

　　或許你還在那段把吃苦當作吃補的過程，但也要懂得適時釋放壓力，否則跟氣球一樣一直吹、一直吹，最後會扛不住爆裂的。這不是偷懶，適當的放鬆才能走得更遠。

　　我的工作總是很忙碌，經常全台東奔西跑，時間彷彿永遠都不夠用，恨不得一天能有 48 小時，生活的壓力就像一座無形的山，有時讓我喘不過氣來，我曾總是想

著要勉強下去，不能鬆懈，才能在競爭激烈的社會中生存下去。

但有一天我領悟了一句話：「人生很累，不要勉強自己。」我忽然明白了，總是把眼光放在很遠很遠的地方、步伐總是很快，或許能早一步到達成功的境界，但回頭一看，卻發現沿途中的風景卻是如此陌生，那些錯過的人、錯過的事，卻永遠回不來了。當汲汲營營追求更遠的目標時，是否忘了身旁那個人才是你更值得呵護擁有的？否則就算擁有了全世界，又有誰能與你分享喜悅？

所以我現在偶爾會停下腳步，哪怕是走在人行道上，總有那麼一刻會讓我想要佇足下來，抬頭望去，陽光穿過樹葉間縫隙灑落下來，這種感覺多麼溫暖舒適，我會靜靜地享受這片刻的寧靜，短暫忘卻喧囂和煩擾的事情。當再回過神來，深吸一口氣，就能邁開大步繼續前行。

人生已經夠累了，當然要把握每一個能讓你充電的時刻，對我而言，這樣停留幾分鐘欣賞城市角落的美景，其實效果跟放長假旅遊一樣。

有時在等車、等人的時候，我也會留意到路邊的小花，雖然看起來微不足道，但從石縫中竄出的模樣依舊充滿朝氣，彷彿述說著生命的美好。我會蹲下身子仔細端詳，那生意盎然的模樣讓人不禁為之感動。

那一刻我明白了生活中的每個小細節，其實都有著意義與價值，再多的功名利祿也無法取代細微的幸福。

就算有再多瑣碎的事情，當我心情平靜下來後，也能有條理的一一解決。我學會了讓自己輕盈起來，不再被瑣碎的事情所困擾。也懂得放慢腳步，細細品味生活的美好。不管是在晨曦中感受第一縷陽光的溫暖，或是聽著窗外早起鳥兒嘰嘰喳喳的聲音，甚至是在咖啡香中，也能享受片刻的寧靜，都讓我在疲累的日子裡獲得心靈的沈澱，哪怕寧靜美好的時間很短暫，那也是一種

美好。

我也學會了與自己對話，聆聽內心的聲音。放下包袱並不意味著逃避現實，而是保持樂觀的心態更堅強面對生活各種挑戰。每一次放下，都是一次成長。

我告訴自己，人生或許真的很累，但我們不必過度勉強自己過得更累，適度放慢腳步才能真正感受到生活的美好，才能活出真正的自己。保持一顆樂觀的心才是人生更重要的事，因為生活不僅只是競爭，更是關於自我成長的旅程。

或許人生的旅程確實很累，但只要能保持著一顆樂觀的心，用心感受日常的點點滴滴，就能找到屬於自己的快樂和幸福。就像一陣風、一朵花那些似乎微不足道的小細節一樣，或許平凡，卻總能帶來無限的感動。

人生很累，於是我學會偶爾放下繁重包袱，放慢腳步細細品味生活的美好，我學會了與自己和解，不再讓自己陷入無止境的追逐；我更懂得樂觀面對生活，用心感

受每一個美好的瞬間。

．．．

　　記得保持樂觀，它能將壓力化為動力、將挑戰化
為機遇，讓你即使面臨逆境，也能勇敢地迎接，要
相信自己，要相信未來，你一定可以過得更好。

2-4　人生很短，不要看輕自己（努力）

　　我覺得傳統華人教育最大的問題之一是吝於讚美，孩子從小就被教導要謙虛，謙虛過了頭，面對別人稱讚小孩時，父母卻急著否認，人家誇獎一句就急著吐槽一句，甚至還把自己家小孩說得更加不堪。

　　為什麼要這樣呢？不妨收下別人對孩子的讚美，那些讚美是多棒的禮物呀！

　　明明自己很棒，卻從小被教導不要隨意接受他人稱讚，脆弱一點的孩子可能就因此自暴自棄，覺得自己的努力沒被父母看見，因而影響了自信心，覺得自己很渺小、微不足道。

人生不過短短幾十年，為什麼要看輕自己呢？

　　就像夜空中璀璨的星星一樣，或許不是最亮、最閃耀的那一顆，但每個人都有自己獨特的光芒，有時候我

們會忽略這一點忘記自己的價值，甚至不自覺將自己貶低，彷彿任何值得的稱讚都與我無關。但是，千萬不要輕看自己，無論如何你都是獨一無二的，是這個世界上無可取代的存在。

自己的價值並不在於他人的眼光，而是在於對自己的認同和肯定。不要看輕自己，勇敢地追求夢想，不要怕失敗，因為失敗並不代表結束，反而是成長的動力。

不需要向任何人證明自己的價值！就像是「蝴蝶效應」一樣，每個人的存在都有價值！

不管身份地位高低，每個人都會影響到身邊的人，進而影響到全世界大小事；他人的存在多少也影響了我們，就如同生命中微小的改變都可能帶來巨大的影響，即使看似微不足道的努力，也可能帶來驚人的成就。

我相信，人生很短，但每個人都有能力改變自己的命運。

我年輕時總是沒自信，對自己能力充滿懷疑，甚至

感到迷茫。但我試圖改變現狀開始尋找機會，透過努力學習、勤奮工作、追求夢想，雖然並非一路順遂，但我從未放棄過，即使小小的改變無法立刻就看到成果，但我依然依舊堅持下去。終於，我找到了我熱愛的工作，實現了自己的夢想，這就是努力的成果，也是堅持不放棄的回報。

人生很短，但只要努力，一切都有可能。

就像我曾經沒自信，遇過恐怖情人、不幸福的婚姻，但如今我擁有熱愛的工作、親密的人生伴侶，每當回首這一路走來的歷程，我都感到無比欣慰，因為我總透過小小的努力讓自己更好，那些微不足道的改變累積下來，都成就了今天的我。

想要活出精彩的人生，讓生命充滿希望和美好，就不要看輕自己，每一分每一秒都要努力，別辜負了自己。

就像一朵盛開的花朵，每一片花瓣都綻放著屬於自己的美麗，也都散發著獨特的芳香。

記得要把握每一次的機會，努力奮鬥追求自己的夢想，即使人生很短，我們也要活得很精彩，不留下一絲遺憾，因為我們每個人都是生命中的奇蹟，都有著無限的可能性。

第 3 章

3-1　親情 血濃於水，不求回報

　　我的父母太年輕就結婚、生子，恐怕那時候他們都不知道該負起什麼責任，也不懂如何教養孩子，以至於我從小就過得很壓抑，直到上了中學一有機會就以住校為藉口逃離家，頭也不回。

　　直到我帶媽媽到深圳參加佳興成長營的完全改變課程，透過NAC神經鏈調整術，就把我和媽媽幾十年來的隔閡給抹平了。我們客家人在情感表達上總是比較含蓄，親子之間幾乎沒有親密的肢體接觸，甚至也不會說一些讓人家聽起來比較舒服的話。

　　這麼多年過去，我們都在外地工作，父母也不會動手「教訓」孩子了。但是曾經發生過的那些事依舊深深刻印在心中，上了佳興老師完全改變的課程後，我就改變了，從自己開始，慢慢去影響媽媽，媽媽則影響了爸爸，終於把這個家串連起來了。

　　因為我改變了，帶動了整個家庭的氣氛，所以現在我們家很幸福。

我知道該如何與媽媽相處，而媽媽也明瞭該怎麼與爸爸相處，再也不會吵吵鬧鬧，感情也跟著升溫了。我帶媽媽到深圳上課那幾天，她每天晚上都會透過手機和待在老家的爸爸視訊，那時我已經學會如何促進家人之間的溫度。

「你想你老婆了啊。」我搶過媽媽的手機，對著鏡頭那一邊的爸爸這樣說。

聽到我俏皮的聲音，爸爸在遠方只傳來「咯咯咯」的笑聲，而身旁的媽媽也同樣傻笑著，因為兩個人都有些害羞。

少年夫妻老來伴，即便兩人年少結縭後一直吵吵鬧鬧，但歷經了這麼多時光與難關，感情愈來愈好，短暫分隔兩地，雖然表面不說，但心裡都還是想著對方。

「想就想喔，老婆借我用幾天。」我這樣對老爸開玩笑，他笑得很開心。

媽媽跟爸爸分享在課程上學習到什麼、住宿的酒店、認識了新朋友，兩人感覺就好像剛談戀愛似的，幾日不見就恨不得把周遭發生的事都鉅細彌遺說上一遍。

我後來才明白，媽媽其實一直很自卑，過去動輒打罵我們姊妹全都是因為沒自信，因為她覺得自己文化不高。直到我帶她上課與同學們互動後，大家都沒有分別心，相處起來都很愉快，媽媽才逐漸打開了心房。

　　後來又帶媽媽去上了「邁向幸福使命」的課程，這是關於「重生」的課程，上課地點是在台灣，心靈經過生、死後重生，讓她頓悟了許多。

　　母女倆接連一起上了幾堂課，我們的默契變好了，也開始重新培養起感情。

　　「沒有關係，過去就過去了。」我對媽媽說。因為說起過去那些事，她也忘了，因為每個人都會選擇性遺忘，她不會承認曾做過那些事情。

　　「我們開始要創造這個家，要把愛分享進來，妳也要影響爸爸喔。」我說。

　　媽媽欣然同意。

　　我與媽媽的感情愈來愈好。媽媽在兄弟姊妹中排行老六，我都叫她「六姊」，因為我們年紀也沒有差很多，畢竟她不到二十歲就生下我了；至於爸爸排行老四，所以

我稱他為「四哥」。「四哥」、「六姊」，我就這樣稱呼他們，現在我們家變得很有趣，在別人眼裡，我們是幸福的一家人。

我爸爸也改變很多，或許是年少得志就開工廠當了老闆，向來是個性很傲的人。其實我們家只能算是小康，經濟上比一般人好一點點而已，但他年輕時總有不可一世的感覺，驕橫自大、目空一切，其實不過是井底之蛙，沒瞧過外面的世界。

爸爸後來在工廠發生意外截肢，不小心把手指切掉了，雖然搶救後接回部分，但他開始自卑了，又不幸中風，變得更沒自信，但禍兮福兮，所有遭遇有時看似禍，但其實卻是福。經過幾番波折後，反而把爸爸的個性尖刺磨得圓潤了。

我現在跟爸爸的相處模式有點像是對小孩子，我是姊姊的角色，打電話給他時會說：「四哥，你今天有沒有牽老婆的手？去散步有沒有牽手？沒牽手要打屁股喔！」

如今我們的親子關係變得很親密，之前我接獅子會會長，交接時他們也來台灣觀禮，這是我的榮耀。

　　以前，我們家親人之間的相處很刻板，時好時壞，父母賭博贏錢時就對我們很好，輸錢就很兇，那種必須提心吊膽、看著臉色小心翼翼的日子已不復存在。以前在我家絕對聽不到「我好愛你」、「我好想你」這種話，語言表達很重要，現在我會把內心所想的完全說出來，因為愛要及時，千萬不要明明是關心，講出口卻成了傷害人的話。

　　俗話說「虎毒不食子」，沒有一個父母天生就是要害孩子的。他們只是不會表達，不知如何把愛說出口，甚至覺得要保護自己，將自己武裝起來，只要你不要靠近就不會受到傷害，但其實我們卻是傷痕累累。

【瀰濃獅吼！】

提升同仁法治觀念和廉政宣導

甲仙寶隆國小74週年校慶成歷史！

最後一次的返校日！

「東高雄觀光聯盟」會員大會
當地特色產業小農共襄盛舉

那些難聽的話一說出口，傷人都是無形的。就像我前夫，刺你一刀就安撫一下，幾次下來傷口愈來愈大，任誰都無法承受。傷口就算痊癒了，還是會留下疤痕，更何況還沒消除又來新的疤痕，一直刺、一直刺，早已體無完膚。當刺到沒地方可刺卻還不頓悟，遲早會失去這個人對你的情感。

我前夫甚至說他已經比別人好了，我應該要感謝他。他自豪自己不抽煙、不喝酒、沒有不良嗜好，但這根本不是問題所在，人與人之間的相處不是施捨而來，是要付出、給對方感到溫暖，言語的傷害與肢體的傷害都一樣可惡，也不應該存在，管不住那張嘴，做什麼都沒用，我再怎麼委屈求全，一旦心死就再也回不來了。

前夫過去動不動就撂下狠話，「離婚啊」、「離一離啊」、「我們不合適」、「年齡差太多」，哪怕是無心說的話，就代表潛意識裡是這麼認為。反倒是當我決定離婚時，他就再也不敢說這些話，絕口不提「離婚」這兩個字，但一切都太晚了。

女人就是這樣，可以一再容忍，即使會讓自己遍體鱗傷，但一旦做出決定就不會動搖。一次又一次的原

諒、一次又一次的包容、一次又一次的忍耐，卻換來執迷不悟不悔改，那就不要委屈了，放過自己也放過別人。

和前夫的恩怨是題外話。總之，多年後，我與爸爸、媽媽和解了。

父母的親情畢竟血濃於水，無論如何，他們對我都有生養之恩，至於我們三姊妹之間的感情，我與大妹的感情一直很好，小妹說話比較直，過去也常常會刺傷人，但現在久久見一次面，感情反而更好了。

很久以前，媽媽不喜歡打掃環境、講話又很毒，偏偏大妹有點潔癖，所以很受不了媽媽的習慣，她偶爾會跟我抱怨。

「她是妳媽媽，這是改變不了的事實。」我說。

「為什麼會出生在這種家庭。」妹妹抱怨著。

「那妳想怎麼樣？就算她再不好，也是妳媽媽，這是無法改變的。如果妳還是一直這樣，會很痛苦的。」我開導她，不只是與媽媽的關係，還有與婆婆的關係。

妹妹生了個女兒，因妹婿是獨子，所以婆婆略有怨

言，有時會脫口說出「妳那什麼屁股，連個兒子也生不出來。」這種話，妹妹聽了當然很難受。

「妳真的受不了就離婚。」我說，但妹婿對她並不壞，妹妹壓根沒有這種想法。

「既然如此，妳就接受。妳在這個家也是有『因』的，要跟婆婆和解。」我分析給妹妹聽，勸她要懂得放下，那時妹妹剛懷了第二胎，但不知是男是女，「妳想生兒子，想要心想事成，我教妳。」

「如果現在跟婆婆這關過不了，很抱歉，妳不會生兒子，妳還是一樣會在這個循環裡受折磨，妳一定要跟婆婆和解。」我說。

「我現在根本就不想跟她說話，看到就覺得很討厭。」妹妹氣呼呼的說。

我傳授的和解方法很簡單，就算不想跟婆婆見面，就自己找個房間關起門來，把想要說的話全都說出來。就像我常說的四句話：「對不起」、「請原諒我」、「謝謝你」、「我愛你」。

妹妹把我的話聽進去了，也照著做，事後覺得婆婆

似乎也沒那麼討厭了，後來果然生了兒子，瞬間命運就改變了，或許是母以子貴，婆婆三不五時就噓寒問暖，現在變成捧在手心裡的媳婦了。

拋棄不了你的親人，就要自己先改變，唯有自己先改變了，才有機會改變你的另一半、家人。家是講愛的地方，而不是講理，要包容而不是縱容。很多人喜歡據理力爭，甚至得理不饒人，但在家裡講贏了又如何？失去的可能更多。

我想起了羅大佑的《家》，歌詞很符合我的心境。

「我的家庭我誕生的地方，有我童年時期最美的時光，那是後來我逃出的地方，也是我現在眼淚歸去的方向。」

3-2　友情──就像一杯好茶，歷久彌香

　　我真的很感恩一路上都有朋友、貴人幫助我，每當我需要什麼就給我什麼，甚至當我連電話費都繳不出來之際，就是有人願意為我付出，不管是追求者或是事業夥伴，他們都是自願無償做這些事情，讓我不愁吃、不愁穿，這是上天給我的禮物。

　　我一直覺得友情就像是一杯好茶，當舉起茶杯，就能聞到那股清香，輕啜一口，深邃茶香在口中緩緩散開，猶如一種沁人心脾的溫暖，清甜甘美，而餘韻在唇齒間縈繞，讓人回味不已。友情就像一杯好茶一樣，味道歷久彌香、餘韻不絕，還能讓心靈得到一絲安寧。

　　當我最落魄時候，有許多朋友幫助我，不是借、不用還，這份恩情讓我銘記在心，就像一杯暖茶湯入喉，溫暖了我的心扉。

　　曾有一個朋友，每當我冰箱空了，他就會想辦法塞滿各種食物。或許這就是因果緣分，某一世我給了他一

碗飯，讓他免於飢餓；而這一世每當我肚子餓時，他就會用這種方式回報我的恩情。這真的很妙，我真的很感恩，在生命當中發現這些其實都是生生世世累積而來的力量。我相信科學，也不迷信，但遇到這種事情，我會覺得每一個在身邊的人都是我的貴人。

因為有這種體悟，所以不管遇到什麼挫折，我都會感謝他，他讓我成長，讓我看到自己的不足之處。

在我人生最低潮之際，找不到棲身之處時，有個朋友想幫助我，所以用很低的房租將房子租給我。因為他的身份，我們不可能發展出男女關係，算是工作的上下線吧。他很勤勞的想做一些什麼事來幫助或討好我，當我無法滿足他的意圖時，卻對我情緒勒索。

「此時此刻，妳立刻、馬上搬出去。」他以租屋為藉口，企圖讓我就範。

「要我搬走沒問題，但我需要時間另找租屋處，至少要給幾天時間處理。」我說。

「不行！此時此刻，妳要立刻搬出去！」他絲毫不退讓。

這時他變成了「房東」身份，毫不留情面，用這種方式情緒勒索，企圖讓我屈服在他的要求之下。

　　我覺得為人處世應該要走對的路，這是不合理的要求，況且他是有婚姻的人。我很感謝他的幫助，讓我能花很少的錢就有地方可住，但不代表我必須為了這點出賣自己，不只是出賣身體，也出賣價值觀。

　　不能只因為慾望，就這樣情緒勒索我。

　　但他聽不下去，「妳現在就給我搬出去！」無法讓我屈服，他似乎拉不下臉，發狂似的吼著。

　　我只好像逃命似的離開，趕緊到處找房子，一路找到高雄楠梓區。我曾在楠梓住過一段時間，當時是和一個姐妹合租，當地租屋行情比較便宜，我就從高雄市前鎮區一路往楠梓找過去，希望能在路上找到房子解決燃眉之急。

　　我的心頭慌亂，找了一下午都沒著落，眼見已經黃昏，天色快暗了，我在心裡默默跟老天爺說：「我受夠了，可不可以給我一個空間夠大、租金也便宜、又好停車的地方？」

結果，手機就跳出一個連結，有個大姐打算租屋，她本身是房屋仲介，自己架了一個網站，才剛把租屋訊息上傳就被我看到，而且租金很便宜。

我一看大感驚喜，因為離我只有五分鐘車程，於是馬上打電話詢問是否可去看房。原來那個大姐租了一整棟，一樓當作店面，二樓以上用不到所以出租，我看了之後非常喜歡，二樓月租 3000 元、三樓採光較好月租 3500 元，於是我租了三樓。一整層 3500 元，很大的房間、很大的客廳、很大的陽台，還有很大的浴室，真的很佛心！

「我可以搬進來嗎？」我囁嚅問道。

「可以啊。」大姐說。

「我今天就要搬進來！」我鼓起勇氣說。

大姐嚇了一跳，租約簽妥後，我就連忙搬了部分家當，當晚就入住了。

我在這裡住了一段時間，後來認識了現在的先生，他也搬進來，因為多一個人使用水電，所以房租漲為 5000 元，還是非常便宜。

突如其來被要求搬家，讓我省思了人際關係。我們必須謹守一些分際，那條紅線不可跨越。當拿捏與朋友、伙伴或異性的關係時，一定要站得住腳，不能讓人家拿著把柄或抓住小辮子對你予取予求。

要懂得拒絕，該拒絕就拒絕，要堅持自己的立場。不能因為別人情緒勒索，你就妥協。

當順利找到房子後，我立刻叫了貨車搬家。他可能沒想到我還真的找到新的租屋處，所以當我把私人物品打包搬上貨車後，他卻又搬下來不肯讓我走。

「我說的都是氣話，不要走。」他苦苦哀求，意圖使用哀兵政策。

「你可以不要讓我這麼累嗎？要我馬上走，你應該對自己的話負責任，我也做到了。當初我無處可去時，我感謝你的支持，給了我一個便宜的租屋處，但請你尊重我。」找了一整天房子，打包物品反覆搬上搬下，我已經心力交瘁，不想再有任何瓜葛，於是離開這個地方。

不能因為對我產生情愫，就情緒勒索要求我妥協，我們之間就只是上線、下線關係，純粹是工作上的夥

伴，感情必須是兩人情同意合，不能單方面投入，甚至用各種方式強迫另一人接受。更何況我們只是朋友關係，怎麼可以在有婚姻狀況之下，妄想發生越軌的關係。

我不願意介入別人婚姻，也不想被人家握住把柄被講得很難聽。就算生活過得不算很好，這點尊嚴我還是有的。

對的就是對的，錯的就是錯的，不需要妥協。

所以我真的很感謝老天爺，每次走投無路之際，就會出現朋友、貴人相助。

無論如何，每個人都是我的貴人，在我有困難的時候協助我，即便後來初衷變了調，但我仍舊感謝當初對我的照顧。這種友情就像是一壺茶，即便後來放涼了、走味了，變得難以下嚥，但我仍不會忘記一開始那杯熱呼呼、充滿溫暖的茶湯。

我現在對待顧客就像是交朋友一樣，若願意相信我，我一定會幫忙到底，因為真正的朋友就在於「信任」。

我想起了一句俗諺「虎生猶可近，人熟不堪親」。老

虎雖然很兇猛，但如果我們小心謹慎就不會被吞噬，甚至相處久了也可能變得親近，套用在朋友關係上，如果處事謹守分際、光明磊落就不怕變質。

　　但有血緣關係的親人都可能會因為利益糾葛而反目，更何況是朋友，人與人交往卻很現實，世態炎涼，有時以為是很親近的朋友，當你遇到困難時反倒會捅你一刀，也因此才會說「人熟不堪親」。

⋯⋯⋯⋯⋯⋯⋯⋯⋯⋯⋯⋯⋯⋯⋯⋯⋯⋯⋯⋯⋯⋯⋯⋯⋯⋯⋯⋯⋯⋯⋯⋯⋯⋯⋯

　　當落魄時最能看出人情冷暖，所以朋友交往還是要有分寸，彼此「信任」才是真正的朋友，千萬別「交淺言深」。

3-3 愛情——終能找到真愛幸福

　　因為從事組織行銷需要認識很多人，藉以拓展自己的人脈，2018 年 6 月，我接觸到黃佳興老師的佳興成長營。同時我也接觸了「房多多」這個團體，就是教你怎麼買房子，一間又一間，我不是很懂，課程中有提到如何養信用，開始有第一張信用卡、第二張……。我從中學會如何經營自己的信用，也提到要開公司，我傻傻的就開了公司，那時候真的不懂，開公司之後如何經營也沒有教，花了一小筆錢，但開了公司不知道要幹嘛，辦理營業登記時，什麼都打勾，食品什貨、菸酒、飲料、布疋、衣著、鞋、帽、傘、服飾品零售業、百貨超市，甚至汽車我都可以賣。

　　那時是真的不了解，覺得什麼都選可以賣，沒想過登記太多項目不見得好，因為代表任何項目都能開發票，國稅局說不定會加強查帳，填多不見得好。

後來算是一個機緣，在成長營中，我屬於比較閃亮的一顆星，因為認識許多人，我是黃佳興老師的忠實粉絲、瘋狂粉絲。只要老師飛馬來西亞、新加坡，或是上海、深圳，我都跟著飛過去學習。瘋狂到有新的學員以為我是員工，但其實只是學生，但我是真的覺得對自己有幫助。

在成長營認識了同是學生的先生，但我那時不喜歡他，覺得他的能量很低，雖是來上課，但他總是到處晃來晃去尋找可作為事業夥伴的人。我當時是 136 萬元限量見證的學生，他是百萬見證學生，也不知道為什麼他總是「湊巧」經過我家附近，還會「順便」打電話給我。

「食飽（客語，吃飯了嗎）？剛好經過妳家附近，要不要一起吃個飯？」

「剛好路過，想不想一起看場電影？」

每當飢腸轆轆之際，或是悶得發慌、百般無聊之時，他總是這麼湊巧打電話來，不是外帶火鍋給我，就是約我看電影，就是這樣一步一步被引誘到陷阱裡。

約會了幾次比較熟悉後，才知道他從事理賠精算、事故理賠專家這個行業 10 多年，深入了解後，我深深覺得這個工作很有意義，可以幫助許多人，決定和他在一起後，心想我徒有一家公司卻不知道做什麼，乾脆自創品牌「瑪沁國際」，將公司登記營業項目改為顧問服務業，專心擔任事故理賠輔佐人、理賠精算師的角色，舉凡發生意外事故需要專業協助、罹患疾病卻不知理賠權益，或是申請理賠被刁難，都可以找我們維護權益。

顧客遇到問題來諮詢，我們會以專業角度分析如何確保權益，在日本，這個行業被稱為勞務士。

正式交往沒多久，有一天他說要帶我去一個地方，就好像平常去吃飯、看電影一樣。走在街上，晴朗清澈的藍天只有幾絲雲彩，陽光灑落在身上，溫暖不熱，輕拂擺盪的樹梢彷彿低聲吟唱的細語，空氣中飄散著清新芬芳，只覺得舒爽宜人，而街道兩旁的阿勃勒搖曳著淡淡嫩黃，忽然一陣風拂來，黃色花瓣如金色小雨般飄然而下，讓大地彷彿灑滿了金色祝福。

我沈浸在這美好的氛圍裡，汽車已悄悄停好，我才發現目的地居然是戶政事務所。

「來這裡幹嘛？」我驚訝地問。

「那妳覺得來這裡要做什麼？」他反問，神色自若，好像只是下樓到便利商店買罐茶。

然後，我就簽名了。

兩人交往並沒有很久，就是常常在我家吃火鍋或看電影，但覺得這個人很不錯，當下我想了幾秒鐘，就簽下去了，身分證的配偶欄不再是空白。

那一天，出門前我還是單身，走出戶政事務所就變成已婚人士。

我從未想過自己會在這種情況結婚，但或許愛情就是這樣，不需有太多不切實際的幻想，然而卻在某個瞬間擁抱了彼此。我這個人就是很專一，只要對我好，我一定全心全意奉獻，無條件給予愛和支持，不求任何回報，只純粹希望擁有彼此幸福的笑容。

事後，我都笑稱是被拐去結婚的，什麼儀式都沒有，又跳進了一個坑，但這是個幸福的大坑。

我總是嚷著以後另一半絕對不要是客家人，偏偏先生就是美濃客家人。

「我是被妳吸引來的。」先生這樣說，雖然語氣平淡無奇，但我知道這已經是他最大的浪漫了。這一句話成為我們之間最浪漫的告白，沒有華麗的詞藻，卻是最真實的情感，證明了真愛只需一顆真心。

現在回想，我在成長營認識他之後，這段期間不乏追求者，我沒把心思放在感情上，而他總是會適時跳出來「趕蒼蠅」。他總說是上天派來幫助我，協助我解決一件又一件遇到的困難與麻煩，好感也就慢慢累積，他就用「老公」的身份幫我斬斷那些桃花。

熟識的好友都開玩笑說這根本就是「養、套、殺」，讓我在不知不覺中就落入他的愛情裡。

我們結識於成長營，但成長營裡的朋友幾乎都不知道

我們在一起，直到他拿到「年度見證」。佳興老師每年會從 700、800 個學員中，選出 20 個「年度見證」，他在線上頒獎典禮公布戀情，我默默出現在鏡頭前，大家才恍然大悟，虧他「恬恬呷三碗公」、「近水樓台先得月」。

因為我在成長營裡是那種閃閃發亮的星星，而他則是比較低調。隔年換我拿到「年度見證」，我們又同時出現在鏡頭裡，大家都覺得我們是幸福的代表。

或許他不懂得甜言蜜語，也不會送上一束浪漫花朵，卻處處把我照顧得無微不至，他總是會提前一步預備好我所需要的東西；沒有羅曼蒂克燭光晚餐，但會買我愛吃的火鍋，仔細撇去浮油，為我調好沾醬；也知道我

喜歡看什麼節目、電影，即便不是他愛的，再累也會撐著陪我看完，並隨著劇情與我一起歡樂、一起悲傷。

這就是低調的平凡幸福，深深打動我的心。

尤其是面對困難與挑戰時，他總是第一時間守在我身旁，給予最堅定的支持。我覺得這種愛才是實實在在的，真摯不做作。

或許不是那種會用華麗辭藻談情說愛的人，但他是個用心愛我的男人，每一個舉動都蘊含著深深的情感，有時會突然覺得他就像是我愛吃的火鍋，溫暖且實在。火鍋，總是散發著熱氣，溫暖了整個冬天，讓人感受到家的溫暖和安全。

他也許不善言辭，但舉動總是充滿了溫暖和關愛，他會在我最疲憊的時候，為我煮一碗熱騰騰的湯，溫暖我的心房；他會在我生病時照顧我，如同細心照料火鍋裡的食材；他會默默地在我最需要的時候出現在我的身邊，給予我支持和鼓勵，就像在疲憊的一天過後，他總是適時拎著一份火鍋出現，帶來安心和滿足的感覺。

他每一個舉動都讓我感受到了愛情的溫暖，讓我感受到了生活的美好與幸福。我們的愛情或許不夠羅曼蒂克，不似童話故事般完美，卻是如此真摯和美好，就像是熱呼呼的火鍋，每一口都充滿了溫暖和甜蜜。

　　現在我都叫他「超級帥」，他都稱我「超級美」。這樣他就會愈來愈帥，我就會愈來愈美！

　　幸福並不一定需要奢華，真誠的陪伴才是最珍貴的愛情。他不僅是事業上最堅強的夥伴，更是我人生的伴侶。

3-4 愛自己的智慧，與自己和解

　　為了讓自己更好，所以我努力學習，不管是心靈上或是專業知識，只要有機會我就學習，透過學習讓自己成長。

　　黃佳興老師是讓我心靈富足的導師，我曾追隨他跑遍全亞洲，讓我成長許多。爸爸、媽媽的教養方式讓我童年至青少年時期留下無法抹滅的陰影，我一直知道自己過不去那個坎，直到上了佳興老師的完全改變課程之後，學會了如何把這些東西「N」掉，也就是神經鏈調整術（NAC），這是世界第一潛能大師-安東尼羅賓所開發的，透過啟動潛意識數千數萬倍的力量，可以改善潛意識裡的障礙。

　　如何「N」掉呢？舉例來說，如果你年少時害怕某一件事，成為內心揮之不去的陰影，直到長大成人後還是擔心那一件事，甚至導致相關的事物都不敢接觸，想要澈底擺脫這種陰影，首先就要把它斷開，何苦讓一件事影響了一生，所以必須先有這種體悟，把它「N」掉之後

就要輸入新資訊，這件事就是你的禮物，要透過自己去帶動其他人、影響其他人，當作使命去告訴其他也被同樣事情折磨的人如何走出來，這就是NAC神經鏈調整。

這改變了很多人的人生，也包括我的人生。

當我把童年時不愉快的家庭回憶「N」掉後，我還帶著媽媽到深圳參加佳興老師的課程，媽媽也深受感動，於是我們母女倆和解了，我也和自己和解了。

我曾被家暴、遇到恐怖情人、遭受言語暴力、婚姻不幸福、孩子也不在身邊，但這些不幸就在一個轉念之間全都消散了。如果總是覺得自己不被上天眷顧，認為自己處於不公平的世界，真的只會過得愈來愈慘。

想要「N」掉不愉快的回憶、忘記受過的傷，其實很簡單，只要付出「感恩的心」就可以了。

我同時也明白了必須擁有愛自己的智慧，才能夠與自己和解。在忙忙碌碌的生活裡，我們總是追求物質上的滿足，常常忽略了內心深處真正的需要，當我懂得「N」掉曾經受過的傷，我發現愛自己並非只是追求物質上的滿足，更是需要心靈上的富足，且是源自於對自己真實需

求的認知與滿足，為了讓自己變得更好，我不斷地學習。

愛自己的智慧不僅只是接受自己的優點，更要勇於承認自己的不足，才能夠從中汲取力量和勇氣，當學會了愛自己，更能從容地面對各種挑戰。過去的我並不懂得什麼是真正的愛自己，因為常常被往日的不愉快和負面能量所困擾，總是深陷在那種黑暗的困境中，迷失在情緒漩渦無法自拔。

當我學習了神經鏈調整術後才明白，想擺脫過去的枷鎖唯有放下一切重新再來，才能與自己和解，才能蛻變，才能擁有嶄新的人生。

但是「N」掉不愉快的過去，並不意味著是選擇忘記曾經的痛苦，反而是學會從中汲取經驗和智慧，把它當成磨練讓它們成為成長的養分，只有以寬容和理解來對待自己，才能夠找到內心的平靜與和諧。

與自己和解，並非唾手可得的事情，它需要時間、耐心和努力，以寬容的眼光看待自己的過去，用愛的心情面對現在，並抱著希望和信念迎向未來，才能真正感受到了自己的成長與轉變。

現在的我，擁有了一顆堅強的心和一份清晰的目標，不再是那個想逃離家的女孩，而是用愛與家人和解的女人，擁有熱愛的工作與一起努力的伴侶。我知道懂得愛自己並不是終點，而是無盡的旅程。

....

我常常奉勸內心有道坎過不去的人，不要逃避，必須面對那個千千結的根源，勇於面對自己，才能找尋到自我，活出生命真正的意義。要懂得愛自己的智慧，才能與自己和解，走向充滿希望的未來。

3-5　人生因大愛而美好

　　我想讓自己過得更好、活得更有價值，所以我不吝付出，唯有捨得才能獲得更多。我愛自己，也愛朋友，但愛不應該局限，所以我更願意將這份愛化為大愛，因為我相信人生因大愛而美好。

　　大愛，其實已經超越了個人情感的狹隘範疇，而是無私的奉獻，它代表了關懷、慈悲和寬容。我的前半生起起伏伏，人生旅程中難免遇到很多波折，洶湧而至的負能量一度讓我看不清楚前進的方向，但懂得付出之後，我總算明白大愛就是那盞照亮道路的明燈，所以我尊重每一個生命、珍惜每一次的相遇。

　　有句俗話這麼說：「各人自掃門前雪，休管他人瓦上霜。」看似要大家明哲保身、不要多管閒事，但真的是這樣嗎？如果大家都只在乎自己，當自己不幸發生意外時，沒人願意伸出援手，最後受害的恐怕還是自己。

　　有人說這個社會愈來愈冷漠，其實我們應該付出更多

的關懷和支持，去幫助處於困境中的人，若僅僅強調個人的利益而忽視了群體責任，只會導致讓社會變得更加冷漠和不公。心中有大愛的人，才真正懂得愛的真諦，我參與公益活動時不問得失、不計回報，只是默默地付出，希望能將愛心化為無盡的力量，如果能夠幫助到一個人，或許將來他有能力之後也會幫助其他人，大愛就是透過這種方式傳遞下去。

愛，不是佔有或利益交換；愛是一種奉獻、一種付出，更是能夠戰勝困難和挑戰的力量。

因為我深信，感恩之心離幸福最近、感恩之心離財富最近！

擁有感恩的心，能讓人更加珍惜生活中的美好，對於所有人、事、物都會充滿了感激和珍惜之情，也能培養寬容和包容的胸襟。很多事情都是一體兩面，當懷著感恩的心對待他人時，更能理解和接納他人的不足之處，也會發自內心給予更多的關懷和支持。

我非常感謝生命中所有的貴人，因為他們的存在讓我感受到了愛的溫暖與力量。我的父母、親人、朋友，因為有他們，讓我的生命變得更加豐富、更加完整。他

們的愛，是我生命中最珍貴的禮物，也是促使我前進的
動力。

**有時候，或許一個擁抱就能代表愛與支持，能夠讓
人重新振作起來找回自信和勇氣。**

抱持著感恩的心，能夠帶來內心的平靜，即使面對
再大的困難，也能夠以平和的心態去應對。最美妙的
是當感受到他人的關愛時，會更加珍惜這種恩情，也會
自我努力希望回報他人、回報自己，整個人都變得很積
極。積極工作、積極生活，還怕賺不到錢嗎？所以我才
會說感恩的心離財富最近！不只是有形的金錢收入，無
形的心靈財富更是豐富了內在價值與精神上的滿足。

我也希望將所有接收到的愛轉化為大愛，讓充滿正能
量的愛與關懷四處擴散，從台灣到亞洲、到全世界！想
要讓「小愛」轉換為「大愛」很簡單，只要從關心身邊
的人做起，讓愛與關懷成為生活的一部份，就能讓大愛
的力量感動世界每一個角落。

就像我的工作，只要願意付出、有感恩的心，沒有
分別心，就能幫助許多人，就能創造大愛。

我曾到汐止菜市場裡的美髮店洗頭，遇到忠厚市場會長，她表示想要舉辦公益活動，因為我有資源，所以立刻大方分享給他，也分享過去的經驗，後來公益活動順利舉行時，我還帶了一個團隊北上當志工。

　　我很喜歡一句話「帶著愛做的每一件小事都是大事」。即使是在平凡的生活中，一個微笑、一句鼓勵言語，都有可能改變一個人的一天，甚至一輩子。當我們帶著愛對待他人時，就是播撒著良善的種子，讓愛生長茁壯，每個微小的舉動都有可能改變世界，讓愛與善的力量永遠繼續散播下去。

　　　　人生因大愛而美好，使生命充滿了溫暖和意義。

第 4 章

4-1　人脈整合專家，真誠就是力量

人生沒有走不過去的坎，只要相信就會有出路。

2020 年佳興老師賜給我「人脈整合專家」這個頭銜，他認為我的人際關係非常好，不管男女老少、各行各業，我與他們相處起來都相當融洽，可以幫助到很多人。

一開始我不懂得什麼是人脈整合，很多人以為我是雜貨店，什麼都賣。後來我才明白人脈整合的意義，其實就是信用價值的堆疊。我從廣東梅州來到台灣，澈底愛上台灣給我的溫暖，因為離鄉背井的身份，所以我更加珍惜和每一個人的相遇，這一路走來受到許多貴人的幫助，也不斷累積自己的價值和人脈，除了台灣朋友，更結交了新加坡、馬來西亞、上海等地的高端人脈，透過這些高端人脈，得到了準確並有效的資源，我能夠在任何

時間、任何地點，快速和任何人成為朋友，透過人脈資源整合讓我實現夢想。

人脈整合就是互利共榮，比如說你是做裝潢的，當有人需要裝潢時，我可以將知道的相關人脈串連起來給他，我不以私利為出發點，當他人有需求時，就快速串連適合的人脈，讓各行各業可以整合，大家一起共好。

尤其我後來選擇事故理賠輔佐人、理賠精算師這個行業，原本就是幫助別人，透過分享，讓人脈整合發揮到極大化。

人脈整合專家就像是樂團的指揮家，對音樂有深刻理解與豐富知識，精通樂曲結構、風格，才能夠將樂曲樂譜的內涵準確傳遞給樂手和觀眾，讓演奏注入情感和深度，使音樂更有表現力和感染力。

人脈整合不僅只是建立龐大的社交網絡，更是將人際關係有效串聯在一起，形成具有協同能力的整體。我擁有敏銳的洞察力，也了解每個朋友的獨特之處，每個人

都像是獨特的音符，單獨不成調，唯有融入和諧的協奏中才能發揮成最美的旋律。

我更關心如何讓每個人發揮最大程度的潛能，透過雙向溝通和啟發，只有對的組合才能激起有效的火花，讓集體進步變得更好。而這一切都建立在信任和開放的基礎上，毫無保留分享自己的想法和意見，才有助打破隔閡，促進更深層的合作。

因為我始終相信「真誠」兩個字，與人交往不需拐彎抹角，沒有城府、沒有心機。

「真誠」背後蘊含著深刻而純粹的人性價值，它代表了言行一致，更是深深植根於內心的力量，一種直接面對自己、面對他人的坦誠。而這股力量改變了我的生活。

「真誠」也是先生教我學會的。我以前缺乏自信，會害怕、會恐懼，擔心別人對我印象不好，所以希望人人好，這樣的心態讓我在人際關係中顯得唯唯諾諾，擔心別人對我的印象不好，所以試圖取悅每一個人，然而，

這樣做只是徒勞無功，可能得罪了一方，另一方也不見得接受，搞得兩面不是人。這種虛偽的行為就好像人格分裂一般，明明覺得是「是」，卻不敢坦然承認，內心矛盾總令我感到困惑，直到先生教我「做自己」、「不用討好別人」。

我剛嫁到台灣時沒工作，都在家裡帶小孩，認識了一些同是嫁來台灣的姐妹，有時大家會聚在一起喝下午茶，打麻將的打麻將、罵老公的罵老公、打小孩的打小孩、抱怨婆婆的抱怨婆婆，我接觸的都是這些能量，直到後來我才跳脫這種氛圍，我希望學習更多，想要接觸陽光、積極的力量。

真誠就是力量！

言行一致，說到做到是最高標準！我開始學著做自己，不再隨風搖擺，不再迎合別人的期望，這樣才不會人格分裂。如果我明明覺得「是」，卻又拉扯說「不是」，這樣很奇怪。我努力做自己，敢於展現自己的本

性，不再虛與委蛇，不再看別人臉色說話，一就是一，沒有二，任何人看到我都是這樣，澈底擺脫過去那個「人人好」的我。

這個轉變並不容易，需要克服內心的種種矛盾和恐懼，我開始勇敢表達自己的意見，不再迴避真實的情感，這種直率的態度或許讓人感到有些驚訝，卻是最真實的模樣。先生鼓勵、支持我，不要去討好別人。我就是我，就是這樣，可能講話很直，但沒有一絲惡意，我也不做作，如果不接受我就滾蛋，而是希望能被接受的真實的自我。

我們常常忘記做自己，希望去討好別人而失去本質，甚至逼自己去做一些不喜歡的事。所以我做到「真誠」後，慢慢的發現周遭的人都能接受我的個性，我好、他好、大家好，所有人都充滿了正能量。或許也可以說這就是「合則來，不合則去」的道理。

我逐漸發現，當真誠面對自己，周遭的人也能夠接

受我的個性。這樣的真誠不僅帶來了改變，更影響著周遭的朋友。我的自信和積極態度感染了周圍的人，整個環境充滿了正能量，我也變得更好。或許，這就是「合則來，不合則去」的道理，當敢於做真實的自己時，會吸引那些與你志同道合的人，那些不合拍的人自然分道揚鑣。

「真誠」並非只是一種價值觀，更是一種勇氣和力量，如此才能找到真正的自由和快樂。

「嘉心，為什麼妳可以如此充滿正能量？人家都說我怎樣怎樣⋯⋯。」有人這樣詢問。

如果因為別人的說法而受到影響，那你就失敗了。不妨轉換一個念頭感謝他，因為他送禮物給你，幹嘛不要？你就拜託他盡量講，講愈多愈好。

除了學習有形的，我也學習無形的，無形的力量真的幫助我很多。不管是愛你的人、傷害你的人或是恨你的人，都是有原因的。當初我離婚之後陷入低潮，在人

生的路上徘徊，前方路途茫茫，不知下一步該往哪裡走時，貴人出現，所以我走入了學習，在眾多老師中，我選擇了黃佳興老師，唯一，我專注跟著老師學習。

我常笑說，花了這麼多錢，當然要通通學回來，若是再去找其他老師又得再花錢，這是玩笑話，但專注的學習讓我成長許多。

我也進修靈學，不是那種靈山派，而是如何處理自己的因和果。像我為什麼會好、為什麼不好，一定有個「因」；你為什麼會遇到這個人，就是因為有個「因」，就像是我前夫，某一世我欺負他，所以這一世我還完了，我離婚成功。

做事要很快決定，千萬不要拉拉扯扯。我以前的想法總是不想得罪別人，不想要別人對我有不好的看法，所以行事拉扯，老是顧此失彼，所以活得不開心。但現在我選擇真誠，選擇做快樂的自己，開始做很多事情。

我的潛意識變得很活躍，佳興老師要求我們直播，

我是第一個連續直播 137 天的學員，每天一個主題，直播一小時，不管說得好不好，我都會努力完成。原本只打算連續直播一百天，撐到一百天後，許多粉絲都希望我不要停止，覺得學到許多觀點，於是我繼續直播下去。只要能有粉絲從我的直播中得到幫助就值得了，甚至還拯救了幾個寶貴的生命，這是我覺得很快樂的事情。

當一個念頭過不去的時候，生死一瞬間，有些人那個坎就是過不去，一條生命就消逝了。但對我來說，沒有過不去的坎，我這種陽光、積極的心態也傳播給周邊的朋友，大家也都變得更好。

4-2　幫助一萬個家庭

　　每一個人都說想賺很多錢，到底賺多少錢才是很多？要有多少錢才夠花？

　　自從我踏入理賠精算師、事故理賠輔佐人這個行業的那一刻開始，我就知道自己將投身特殊的領域，這不僅關乎專業，更牽動著人們的幸福。對我而言，這不僅僅是一份工作，更是一種使命、一種奉獻的承諾，要幫助那些需要幫助的家庭，當他們生病、受傷、出意外，我協助爭取權益，讓他們看到希望，有了錢就可以做更多的事情，也能重獲生活的信心與希望。

　　每個人都渴望擁有財富，都希望能賺取足夠多的錢以應付生活的各種支出，但是，對於「很多錢」的定義卻不同，有些人或許要數百萬或數千萬的財富才算是「很多錢」，但也有人每個月的薪水僅僅剛好支撐家庭開支，

若不幸遭逢了意外，常常就陷入了困苦與無奈之中。

進入這一行，我開始以全新的視野看待金錢和財富，對我來說，金錢不僅是冷冰冰的貨幣，更是能夠改變命運的力量，尤其對發生困難的家庭來說，金錢的保障更是走出困境、重拾自信的關鍵。我相信，當一個家庭擁有了足夠的財富，或是在困境中能獲得一筆資金，除了可以滿足基本生活需求，讓壓迫的生活獲得喘息空間，還能夠追求更高層次的幸福感。

我常說，我們是送錢給人家的小天使。

因為，相信我們的人就會有錢。我們不是無中生有或無的放矢，會檢視個案的條件，看哪個部分還有錢可以申請，不管是社會福利、勞保或商業保險，都是合情、合法、合理，透過正常的管道維護個案權益。

權益不小心睡著了，就由我們來叫醒它。但是，這權益要不要，全視個案自己評估，願意相信我們、肯去嘗試，我們就會盡全力協助。我的想法就是「我幫助有

緣人」，我只渡有緣人、相信我的人；若不相信我，我也不必去擔心。

有趣的是我先生入行十多年，許多人還是不知道他在做什麼，但我加入後，大家頓時就搞清楚我們的工作內容，因為我將其系統化、透明化。我的存在能幫助他發光發熱！

我因為有這樣的專業背景，所以給自己定了一個目標：我要幫助一萬個家庭。

幫助一萬個家庭並不是單純追求某個數字，更是一種使命和責任的承諾，因為每一個案例的背後都蘊含著這個家庭是否能走出困境追求幸福。因為一萬個家庭就代表了數萬個人，更深層來說，會影響到更多家庭。比如我幫了一個「單一車輛事故」的人，也就是駕駛人因為本身駕駛或裝載不當導致自己發生翻車、撞樹、撞電線桿等交通事故，在沒有任何保險的情況下，我協助他獲得強制責任險理賠，他可能有幾個孩子，所以又牽涉到好幾個

家庭，我幫一個家庭就會影響三到五個家庭，這就是我工作的意義所在。

當我協助一個受傷的勞工獲得應有的醫療補償和保險理賠時，不只是幫助了勞工本人，也讓他的家人和子女得到喘息的機會。當一個家庭的經濟支柱因為意外受傷而陷入困境，全家人都會受到牽連，甚至會影響到下一代的發展。

所以我很認真看待自己的工作，除了可以解燃眉之急，還能保障家庭的未來與幸福。

我和團隊始終秉持著公正和專業的原則，努力為每一個案例找到最佳的解決方案。不曾因理賠金額高低而區別對待，也不會因複雜程度而放棄努力，每一個客戶都是我們努力協助的目標，每一個家庭都是我們真誠服務的對象，我們願意為信任我們的客戶奉獻專業知識。

這個行業讓我工作起來很快樂，除了在積極為客戶爭取權益之外，我也會參加公益講座演講，將我遇過的案

例透過演講內容，不但可以讓更多人懂得如何保障自身權益，也能向社會傳播正能量，當愈來愈多人了解如何捍衛權益後，這樣的串連就會在內心萌生「感恩的心」。

這是我的使命，要讓一萬個遇到困難的家庭得到理賠金，讓他們的生活品質可以過得更好，讓他們雖然不幸歷經了意外也能看見希望。

因為沒有錢，什麼病都來了！我不是危言聳聽，而是看過太多悲慘、無奈的遭遇，有錢真的什麼病都沒有了。

我先生常常講一句話：「新台幣可以燙平皺紋、活化細胞。」

業績治百病、錢能治萬病。雖然帶著一絲玩笑的意味，但其中所蘊含的真理卻不言而喻。處在逆境裡的人會這裡不舒服、那裡不痛快，但當人們擁有了足夠的財富，許多不適都會悄然消失，問題也會迎刃而解。

金錢的多寡不是冷冰冰的數字，更在於它的意義，

能夠改善生活品質，創造更美好的未來。但我也明白金錢並非萬能，它只是一種工具，唯有人與人之間的情感和關懷才能讓生活充滿意義。

也因此，我許願幫助一萬個家庭，我要讓一萬個家庭獲得應有的理賠金，希望透過金錢上的幫助能帶來希望，讓他們重新找回生活的正軌，讓更多家庭變得更幸福，儘管充滿挑戰，但我與先生一起攜手前行繼續努力，期盼找回愛的力量，盡所能去幫助更多的家庭。

因為，每一次幫助都是一份希望的種子，我相信，這顆種子會在他們的生活中生根發芽，最終成長茁壯為高大的樹木，讓大家生活過得更好。

4-3 澎湖阿嬤自摔，大難不死顛倒勇

　　到澎湖發展業務時，為了串連在地人脈，我加入了澎湖青商會。青商會是由 18 歲到 40 歲的青年人組成的國際性NGO 組織，提供發展領導才能、培養社會責任平台，同時也建立了會員之間的友誼與商業結合的機會，我認識了各行各業的朋友，也相互吸取經驗，有些更成為事業上合作的夥伴。青商會成員需在 40 歲以下，代表我還很年輕。

　　青商會的財務開瓦斯行，他有個員工出車禍傷到腳踝，正在談和解，保險公司只肯理賠 5 萬元，金額怎麼談都上不去。我便幫員工出面，表示若還是只理賠 5 萬就不收費，高於 5 萬元才收費。

　　經過團隊搜集資料、醫療報告後，最後理賠 15 萬元。我們只針對前後差額 10 萬元收取一定百分比的顧問

服務費。這個員工非常感謝我們的付出，也提到自己70多歲的媽媽約兩年前出了車禍，但僅獲理賠4萬元。

「阿母快兩年前自摔出車禍，也可以申請看看嗎？」

原本我只是單純想幫瓦斯行員工提高理賠金，成功從5萬變成15萬元後，他才明瞭我們的工作不是說說而已，於是抱著嘗試的心情「問看看」，結果幫助他母親拿到出乎意料之外的理賠金。

那一天澎湖依舊陽光烈烈，路上樹影婆娑，海風吹來陣陣清新的氣息，阿嬤騎機車買完菜準備回家，一如往常。大概是天氣太舒適了，阿嬤心情好到有點走神，對向車道一輛部隊軍車呼嘯而過時，阿嬤這才回神過來，卻一時驚慌失措失了穩，機車不受控制地往路旁大樹撞去，阿嬤試圖握穩把手，無奈車速過快，一個歪斜，機車失去了控制，阿嬤身體狠狠摔在地面，瞬間疼痛從頭頂延伸到全身，意識也隨之陷入了混沌。

還好有路人經過，緊急打119叫來救護車，阿嬤被

送往急診室，緊急手術留下了一線生機，除了摔到頭，連肋骨都斷了十根，但好歹從鬼門關前轉了身。

然而，車禍帶來的傷痛不僅停留在身體上，阿嬤內心深處的煩悶也如陰霾一般籠罩著，出院後，保險僅僅理賠了 4 萬元，這筆金錢遠遠無法負擔她的醫療費用和生活開支，讓阿嬤的心情愈發沉重與無助。

「只有 4 萬元。」幾個孩子工作、婚姻都不順遂，這一切交織在一起，使得她幾乎喘不過氣來。她感到自己被生活壓得透不過氣來。「平平路摔死一隻笨豬母」，阿嬤想起了這句澎湖俗諺，甚至自責起來，怎麼會好好一條平坦的路，自己都還會跌倒摔車。

聽了阿嬤發生事故的經過，懇談後，她決定相信我們。團隊仔細檢視了阿嬤的醫療報告，向保險公司積極爭取，希望能夠幫助她爭取到更多的保險賠償，經過努力，終於等來了好消息，保險公司核准了申請，批准的第一筆保險金竟然是 90 萬元！

阿嬤不敢置信地眨巴著眼睛，開心得合不攏嘴，整個人笑嗨嗨，眼淚卻在臉頰上閃爍著，笑容像春天的陽光一樣溫暖動人。

「阿姨，妳現在是什麼感覺？」我打趣地問道。

阿嬤笑著回答：「歡喜啦！有錢卡踏實。」

她的笑容中充滿了感激和希望，阿嬤知道自己不再孤單，因為有我們陪伴著。車禍自摔後，阿嬤原本很憂鬱，因為覺得身上沒有錢，但每天都得花錢，她成天煩惱這些有的沒的，感覺快被生活重擔壓垮。

保險只理賠了 4 萬元，但我們團隊檢視阿嬤的狀況後，發現孫子當初幫阿嬤保強制險時，順便買了駕駛人傷害險。

若是涉及其他車輛，強制責任險的保障範圍並不包含駕駛人自撞、自摔等單一交通事故。但如果騎機車不幸發生交通事故，只受點皮肉傷算是幸運，嚴重一點可能導致骨折、失能，甚至身故，所以駕駛人傷害險是為了保

障在交通意外事故中受傷或身故的駕駛人，可以補償傷害醫療費用或給付傷害失能、身故保險金。但是駕駛人傷害險無法單獨投保，而是屬於附加險，必須要投保強制責任險或第三人責任險才能附加。

當初孫子幫阿嬤投保強制險時，還好附加了駕駛人傷害險。經過醫療院所專業診斷，阿嬤騎車自摔後留下很多後遺症，以此據理力爭，結果獲得理賠 90 萬元，但阿嬤的傷勢嚴重，因為傷到腦部，經過治療出院後還是留下記憶力易喪失等後遺症，經常頭痛頭暈，平衡感也不好，且常常忘東忘西，還有睡眠障礙。

腦傷後遺症很難完全康復，我先生覺得以阿嬤的身體狀況來說，後續還得持續復健，不應該只理賠 90 萬元，於是代阿嬤去申訴保險公司，結果核下來的金額是167 萬，扣掉先前已理賠的 90 萬，阿嬤還可獲得 77 萬的保障。

當時已經快到農曆春節了，既然理賠金額已經確

定，我們便向保險公司主張在春節前支付，「否則利息照算」，那年 1 月 19 日關帳，1 月 18 日就把剩下的理賠金額匯到阿嬤帳戶了。

「阿姨，妳去刷一下存摺簿子喔，錢已經匯進去了。」收到消息後，我馬上通知阿嬤。

即便阿嬤還有腦傷後遺症，但聽到入帳消息後，開心得不得了。

「嘉心啊，妳什麼時候來，我請妳呷飯。」阿嬤樂不可支。

兩波理賠核定金額總共 167 萬元，但我先生覺得不夠，所以繼續幫阿嬤申訴，駕駛人傷害險最高理賠金額是 200 萬元，最後我們申訴成功，又核准了 33 萬元，成功幫阿嬤爭取到總共 200 萬元的理賠金，讓未來漫長復健之路有了保障。

當初摔車後，阿嬤人是救活了，但記憶力卻不太好，似有失智的跡象，但有時人腦子清楚了，想到之後

的醫療費用就煩惱得食不下嚥，身體好像也這裡有點痛、那裡有點不舒服，健康與精神每況愈下。

直到我們協助獲得 200 萬元的理賠金後，阿嬤沒有了後顧之憂，目前持續復健中，身體狀況大幅改善，有時還能到廟裡當義工，多多接觸人群，對於喚醒長遠記憶、改善失智症狀大有助益。我有時會陪阿嬤回診，每次她一上車，就會開心的跟我說許多話，直到要下車都還停不了。

在理賠尚未確定時，中間還有個小插曲，我們的付出與努力，阿嬤都看在心底，她覺得很感動，總是說要請吃飯、送禮物，但我們都婉拒了。「不要造成客戶的負擔」是我們所堅持的原則，但阿嬤卻覺得過意不去。

「我有錢，嘉心，我請妳吃東西啦！」阿嬤這樣說，因為縣府發放重陽節敬老禮金 5000 元。

不想掃老人家的興，於是我在小吃店點了一樣東西。

「嘉心，怎麼吃這麼少，會餓喔！多點一些啦。」阿

嬤很貼心。

「我吃這樣就夠了。」我笑著說。

阿嬤終於請到客，比什麼都還開心。我們跟客戶的關係不只是工作的往來，而是把她當作家人一樣呵護，阿嬤非常感激我們的付出。

⋯⋯⋯⋯⋯⋯⋯⋯⋯⋯⋯⋯⋯⋯⋯⋯⋯⋯⋯⋯⋯⋯⋯⋯⋯

所以，我深信，幫助一個家庭就能得到良善的回報，那種感激是一輩子的。

4-4　少一根都不行，捍衛勞工職災權益

　　我出門總是穿著自家公司的制服，其實就是印了logo的polo衫。成立公司後，我覺得需要有企業識別設計Corporate Identity System（CIS），這樣才能夠塑造品牌形象，也是傳達價值觀的重要工具。

　　因為我們的工作是從「心」出發幫助別人，做善事還可以賺錢，成立公司的初心很簡單，就是希望透過我們的愛與專業，經由我們的服務來幫助更多的人，所以設計logo時就以「大愛」為出發點，讓更多人感受到我們的愛，因此以心形衍伸，還有很大的翅膀，希望能飛到眾人身邊，能夠做更多的事情，也能擁有更多的愛，而這個愛就是「大愛」，如此才能確認企業的核心價值觀和定位，也能帶給客戶深刻的印象，甚至還能進一步強化品牌在客戶心中的地位與忠誠度。招牌不能帶著跑，但印在衣服上就可以天天穿，所以我一年四季都穿著制服

工作。

　我曾在澎湖住過一陣子，也在當地置產，現在偶爾會去小住幾天再回台灣。我常到澎湖一家早餐店吃早餐，老闆娘相當健談，我們算是很投緣，所以每次上門用餐時，總喜歡和她天南地北聊些生活小故事，我們的友誼也漸漸昇華，就像是澎湖的晨曦，自然美好。

　一回生、二回熟，我們聊天從日常瑣事到生活心情都有，每一次造訪，都不僅是單純吃早餐，更像是拜訪老友，能感受到那份熟悉的溫暖與情感共鳴。聊了幾次，老闆娘見我總是穿著一樣的衣服，好奇心似乎被激發了，她開始向我打聽工作內容，我簡單說明，表示是以協助勞工維護權益為主，並分享了一些成功案例，描述著如何幫助勞工在困難中尋找曙光，如何重新獲得尊嚴與公平正義。

　聽著我訴說工作內容，老闆娘表情逐漸轉為關切，讓我彷彿有種找到知音的感覺，於是我滔滔不絕講了幾個

案例後，終於可以喘一口氣，大口喝起溫豆漿。

「我女兒可以申請嗎？」老闆娘突然開口了。

「怎麼了？」我大感訝異，不知老闆娘為何突然這樣問。

「我女兒四年多前發生過車禍，人雖然沒什麼大礙，卻留下了車禍後遺症，其中一隻手有三根手指頭沒辦法正常彎曲或伸直，生活相當不便。」老闆娘說著說著，想起女兒既不能彎曲、也無法伸直的指頭，恨不得把那種痛楚都攬在自己身上，眼睛頓時紅了起來。

最可恨的是女兒當初是被酒駕的人撞傷，俗話說「一皮天下無難事」，那個酒駕肇事者卻對責任視而不見，雙手一攤表示：「要錢沒有啦，我寧可被抓去關。」女兒因為不懂，也以為自己沒什麼事，只用 4000 元就和解了，沒想到後遺症會如此嚴重。

聽到手指功能有障礙，我當下覺得應該有理賠的空間，於是請團隊協助，仔細檢查女兒的社會保險身份，

發現她是以眷屬身份參加漁民保險，因此成功地爭取到了 27 萬元的理賠金。對一個 20 歲的女孩來說，這筆錢不僅是經濟上的補償，更是對她未來的一份慰藉和希望。

從獲得理賠那一天起，這家早餐店就不再只是生意場所，而是充滿溫暖和正能量的地方，我們的友誼更加深厚。

老闆娘也談起自己同學創業卻遭逢意外的往事。大夥兒都稱這個同學為顏哥，他總是充滿活力和熱情，在澎湖開水果飲料店，販售檸檬汁、西瓜汁、火龍果汁等果汁飲品，每日清晨當陽光透過玻璃窗灑落在整潔明亮的店內時，他早就開始了忙碌的一天。

每一杯果汁都蘊藏了他的用心與熱情，然而，命運的齒輪卻在某個平凡的日子轉動起來，一場意外改變了一切。那天，為了準備預訂的大量訂單，顏哥正忙著備料，短暫的分神讓他手掌不慎被捲入機器裡，尖銳的刀片無情地切斷了三根手指，帶來了無法言喻的痛楚。

在驚恐中，員工匆忙的帶著斷指將顏哥送到醫院，醫生們奮力搶救，無奈的是手術後只接回了一根手指，但幾乎完全喪失功能。這個意外改變了他的生活，也改變了他對未來的希望。

果汁店暫時歇業了，因為手術後顏哥必須面對全新的適應與心態調整。失去了三根手指，他的生活無法一如過去般的自如，不得不重新學習，但一切都是如此艱難與痛苦。儘管如此，顏哥並沒有放棄，一如澎湖的陽光總是讓人振奮，他決心重新振作面對生活。儘管面對失去功能的肢體，他感到有些無助。

顏哥向勞保申請理賠，也核准了，除了支付醫療費用，在果汁店暫時歇業的期間多少也能喘口氣，但生活壓力還是很緊繃。

我們與顏哥見面，瞭解後詢問了理賠金額，團隊覺得「少賠」了，這種意外狀況是因職業災害引起，評估後，勞保理賠金應該還有增加的空間。

「依你出事的狀況，應該能申請到更多勞保失能給付，你想要申請嗎？」我問。

陪同的早餐店老闆娘和女兒也異口同聲，「就讓他們協助申請看看，反正請到就是多的。」

顏哥決定委託我們試試看。

發生意外時，三根手指慘遭截斷，手術後接回一根，因此勞工保險僅就二根斷指理賠，但接回去的那根指頭已經失去功能，其實與斷指無異，但多數人都不知道自己的權益，所以我們團隊協助他主張少賠的那一根，最終又核准了 9 萬 6000 多元。因為出了意外，果汁店被迫歇業，能有一筆近 10 萬元的進帳，也算是不無小補。另外，團隊也協助顏哥，讓他每個月都還能領到幾千元的失能生活津貼。這些錢雖然不能彌補他失去的一切，但至少讓顏哥感到了一絲安慰。

這都是勞工自身的權益，是發生職業災害應該獲得的保障。勞工朋友們工作很辛勞，當面對職業傷害時，保

障往往不足，勞工的身體機能受到損害時，光是醫療、
復健就讓自己身心俱乏，想捍衛權益時總是心有餘而力不
足，而我們就是勞工背後最堅強的後盾。

．．

　　勞工朋友面對困難時，應該勇敢面對堅持自身的
權利，並尋求幫助和支持。只要有我們團隊在，就
不會感到孤單和無助，我們永遠是最堅強的後盾，
陪伴勞工走過每一個生命中的艱難時刻。

4-5　被貪婪蒙了眼，遺失感恩的心

我做這個行業以來，看盡了人生百態。有人萬念俱灰、有人投訴無門；有人在苦難中掙扎，就像在深淵中緊抓著一根浮木，只為了還有一絲希望。

也有讓我感慨不已，讓我澈底明白什麼是人性。

大家都知道「免錢的最貴」，所以我們接受委託前都會再三確認客戶是否給予信任，也白紙黑字寫下委任書簽訂契約，就是為了保障彼此。我們公司顧問服務費是收取協助爭取而來的合理報酬，若無法幫客戶順利爭取權益，不管耗費多少時間、人力，我們都一文不取自行吸收。這是合理的報價，有付出就應該有報酬，放諸在各行各業都一樣，天底下沒有白吃的午餐，請人做事原本就應給予合理酬勞，這是對自己、也是對專業的尊重，若覺得無法接受，一開始就可以拒絕。

「順便一下」、「幫個小忙」，這其實都是情緒勒索，除非人家主動願意無條件幫你，否則不要輕易開口。

有一個台中單親媽媽，獨力撫養兩個孩子，日子算是過得安穩。但命運卻像一場突如其來的暴風雨，攪亂了她原本平靜的生活。有一天，小兒子從學校7樓墜樓，幸運地沒有喪生，但卻全身癱瘓，只剩下眼球可以轉動。警察調查時發現，若是意外墜樓通常是垂直下墜，落地處多半離建築物較近；但是他的落地處卻與學校大樓有一點距離，疑似是以拋物線「跳下」，研判可能是自殺。

這個消息猶如晴天霹靂，單親媽媽無法接受現實，因為她想不通兒子為什麼會有自殺的念頭？她無法理解，更糟的狀況是面對龐大的醫療費用與未來看顧照料，原本期盼有了保險理賠金，能夠讓她稍微鬆一口氣，但投保的7家保險公司都拒絕理賠。

面對一連串打擊，單親媽媽感到絕望與無助，寫了很長的陳情書到處寄給相關單位，以為能夠獲得理賠，

但始終石沈大海，沒有一家保險公司願意翻案。面對龐大的醫藥費，單親媽媽不知所措，眼看寫陳情書無效，她就一家家去陳情，用哭的、用求的、用鬧的，使盡了各種方法，只盼以眼淚攻勢換得一絲同情。同情是有，但保險公司在商言商，經查詢警方的調查後研判疑似是自殺，保險法有所謂的「自殺免責條款」，也就是「被保險人故意自殺者，保險人不負給付保險金額之責任」。

人生或許有很多關卡，難免遇到無法解決的事情，但是自殺絕對不應該是選項之一。

所有人都認為不可能理賠。沒錯，保險公司就是這麼冷血，也不可能你去哭一哭就理賠。單親媽媽把念頭動到政治人物、民意代表身上，希望透過有頭有臉的人出面，看看是否有轉圜餘地，但依舊遭到拒絕。

後來經過朋友轉介，媽媽找到了我們協助。團隊特地到台中與她見面，一看到人，我雞皮疙瘩都起來了，「這個媽媽太慘了，這不是賺多少服務費的問題，我們一定要幫忙。」我暗忖。

單親媽媽願意委由我們協助，我只有一個要求，以後任何人來詢問，只能回答「我現在只想把孩子照顧好」，其他的事就來找我們團隊處理。我希望她能專心照顧兒子，也避免她急病亂投醫造成不必要的困擾。

「我答應！」單親媽媽欣然同意，簽下了授權書與委任書。

團隊們開始仔細調查她孩子在校狀況，以及所有保單。第一筆錢核准下來是 70 萬元，第二筆保額是 30 萬元，但核可的款項是 30 萬 5014 元，多出來的 5 千多元是保險拒絕理賠至今的利息錢，第三筆則是學生團體保險，保額是 100 萬元，但我們爭取到 105 萬元，也是多了 5 萬多的利息。

團隊也發現墜樓的孩子的戶籍設在麥寮，麥寮鄉公所幫所有鄉民保了意外險，若「因遭受意外傷害事故，致其身體蒙受傷害而致死亡或殘廢者，給付身故保險金額新台幣：伍拾萬元整，或依殘廢等級給付。」所以也從鄉

民保險請領了 50 萬元的保險金。

還有一家保險公司知道我們受委任後，主動找上門談和解，願意付出保額的三成當成和解金，若是一般百姓，從完全拒絕理賠到願意拿出三成，往往就同意了，但我們據理力爭拒絕了。業務表示要回去和主管談，事後打電話來，「願意展現最大誠意，以保額的七成作為和解金。」

我們依舊拒絕，表示「若真的拒賠，請直接給我們拒賠的公文，我們直接進行下一步。」對方回去開會商量後，最後決定全額理賠 100 多萬元。

另一家保險公司的保單有買殘廢扶助險，現在稱為失能扶助險，會按比例分期給付保險金，依據他的保單，每個月應理賠 1 萬元。但這家公司拒絕理賠，後來打電話表示「願意給 25 萬元慰問金」，那個態度彷彿「看你們很辛苦，站在大公司的角度，給你們 25 萬元慰問。」

想用 25 萬元私了，這是什麼意思？最主要的根源在

於是否認定自殺，談判的結果是我們收下 25 萬元，但繼續上訴，若贏了，理賠金扣除先行支付的這 25 萬元，若輸了也不用歸還。結果，我們打贏了，保險公司還要再支付 92 萬元的理賠金。

這樣一家一家周旋、申訴，最終都獲得理賠。還有一張保單也買了失能扶助險，須按月給付 3 萬元，我們的目標是希望能夠爭取到 800 萬元的理賠金，但保險公司只願意給付 120 萬元，談判一直沒有下文，保險公司的策略是打時間戰，因為這個孩子狀況危急，每一天都在跟死神奮鬥，如果拖到孩子不幸過世，保險公司就只需理賠 200 萬元。

隨著時間的推移，談判進行到了這一步，單親媽媽開始變心了。我們一筆一筆把原本得不到的保險理賠金要回來，單親媽媽感恩的心逐漸變質，看到錢匯進來後，開始變得貪婪和自私，開始忘記了團隊對她的支持與幫助，她心裡不再感念我們通過專業努力為她爭取到的追加保費，而只是斤斤計較在委託合約裡應該支付給我們的合

理報酬。

　她居然對我們提告，表示當初「意識不清」才會與我們簽約委任。「意識不清」卻找我們簽了三次約？她甚至主張自己只是法定代理人，應該要由癱瘓在床的孩子簽約才有效。貪念一旦萌生，看什麼事情都會變得很扭曲，她已經忘了當初是如何走投無路、求助無門，是如何聲淚俱下求我們協助。現在要求我們歸還已支付的報酬，因為那些理賠金只要送送資料就有了。

　如果這麼簡單，當初為何七家保險公司都拒絕理賠？

　這個單親媽媽開始四處提告，甚至學校協助作證的主任、老師也都被她告上法庭。打官司的結果當然是我們贏了，但我並沒有高興，反倒是相當感傷。

　當懂得感恩的時候，老天爺會給你禮物，一件一件的給；若一旦起了貪念，變成過河拆橋，老天也會收回所有的福報。

　「身正不怕影子斜」、「腳正不怕鞋子歪」，只要行

為端正就不用懼怕任何攻訐，真相遲早會浮出水面。唯有走正道，人生才能走得遠，能夠反思自己就容易從人生逆境走出來，若總想著客觀條件，只會被負面思維纏繞，永遠陷入逆境苦苦掙扎。

有感恩之心，老天爺絕對不會虧待你。

雖然我吃虧一點點，但老天會給我更多的禮物。我常常跟姐妹們分享，如果總是覺得委屈，你損失可就大了，因為老是認為自己受委屈，老天爺要送什麼給你？財神爺經過你家，看到你愁眉苦臉，會送錢給你嗎？

我不貪心，只收取應得的報酬，所以老天爺會給我禮物。

在面對困境的時候，有些人會選擇感恩和包容，但有些人卻會變得貪婪與自私。正義的力量永遠都在，但只有那些懂得珍惜的人，才能真正走向幸福之路。

4-6　小小一個善心，保護了兩個家庭

　　為了家人、為了生計，勞工朋友總是日夜奔波、辛勤工作，但往往在工作中面臨種種風險，若在職場中不幸發生意外而受傷，不僅是個人的災難，更有可能影響到整個家庭。也因此勞工保險除了保障傷病、失能給付外，在加保期間遭遇職業傷害或罹患職業病，得依規定請領職災醫療、傷病、失能、死亡或失蹤給付。勞工職業災害保險是對勞動者權益的最高關懷，也是對勞工辛勞付出的最實際回報。

　　我接觸過許多勞工朋友的案例。有個在工地做工程的勞工，不幸失足從建築工地摔下來，腦部重傷，團隊協助申請了兩筆理賠金，第一筆 30 多萬元，第二筆 50 多萬元，即便金額不算高，卻也能讓他的家庭暫時度過難關。因為腦傷導致無法工作，所以我們也協助請領了勞工生活津貼，第一年的津貼順利核可，但第二年卻因不

符資格被駁回，我們覺得不合理，所以協助申訴。

另一位 40 多歲的勞工，工作時從高空摔落，因為是工作時執行勤務出意外，屬於職場上不幸發生的職業災害。有些勞工朋友發生意外時，往往不知道該如何申請，我們主張他發生意外後仍有後遺症，協助從勞保局請了 58 萬多元，再從個人商業保險的意外險請了 21 多萬元。

受傷無法工作，波及到的是整個家庭，甚至兄弟姐妹的家庭也會受到影響，因此我們總是特別重視勞工事故。如果遇到車禍事件，除非是自摔，否則牽涉到的不只是受害者，還有肇事者，不管責任歸屬如何，往往會讓雙方家庭都陷入困境。

我曾遇過一起較特殊的案例：那天，李先生駕駛著大卡車在一個繁忙的路口迴轉，同一時間，一位年過七旬的陳老先生剛好穿越這個路口，他的步履緩慢而穩健，但李先生迴轉時，陳老先生卻因驚嚇而跌倒，儘管李先

生的大卡車並未直接撞到人，但命運就是這樣無常，陳老先生倒地後竟然嚴重到需要氣切，這樣的意外著實讓人心痛。

我要提醒每一位駕駛者，開車必須時時刻刻保持警覺，避免一時疏忽帶來不可挽回的悲劇，如果開車走錯路或是錯過了轉彎路口，千萬別急著迴轉，因為一旦肇事，幾乎就是全責。

我們受到陳老先生委託調解，以這起案例為例，雖然李先生的大卡車並未與陳老先生發生碰撞，但根據車輛行車事故鑑定，他仍被判定為全責。幸運的是李先生買了足夠的保險，調解時，特別向李先生強調，「不管我們開多少金額，都是針對保險，與你個人沒有關係，請你不用擔心。」

調解時，我們要求 80 萬元的理賠金。但保險公司人員卻對李先生說：「因為你是全責，所以我們保險公司只能負責 50 萬元，其餘的部分，你要自己想辦法。」

我先生在現場聽不下去，直接吐槽說道：「他是你的保戶，保的險是足夠的，你憑什麼讓客戶自己出錢？」

氣氛頓時有點尷尬，保險公司人員連忙轉口改稱要與主管討論商量，最終結果是 77 萬元和解，肇事的李先生一毛錢都不需自己負責。

既保護了李先生，我的客戶陳老先生也獲得應得的保險理賠金。

這場調解讓人感慨萬千，我們堅持正義，也感受到了人性的溫暖。結束後，調解委員和祕書都對我們的表現感到驚訝，他們紛紛詢問「你們是哪家公司？可以給我一張名片嗎？」這不僅是對我們工作的肯定，也讓我體認到公平正義是多麼重要。

陳老先生順利獲得 77 萬元理賠金，這件事似乎已經圓滿了，但我們檢視他的身體狀況後，覺得還有空間可以申請。幾天後，我們致電陳老先生的大兒子。

「大哥，大哥，你去刷存摺簿子一下，錢入帳了！

140 萬元。」

陳老先生的大兒子在電話那頭靜默良久，一句話都說不出來，他以為是 14 萬元，140 萬應該是保險公司匯錯，多了一個零。其實是因為我們看了陳老先生的醫療報告，主張他的失能等級應該調整為三級，因此從強制險請到了 140 萬元。

過了一星期後，我們又打給陳老先生的大兒子，「大哥，你再去刷存摺簿子一下，錢入帳了，很多錢唷！」

他在電話那頭沈默更久了，因為嚇到了，我們成功爭取到 358 萬元。因為陳老先生的個人商業保險的保障夠高，因此可以從意外險訴求他的權益，才能請領到這麼高的金額。

團隊總共幫陳老先生申請到 575 萬元的理賠金。

這是我們工作的成就感，能夠幫助到客戶，讓他明瞭自己的權益。很多人在發生意外時，也許處理到一個階段就覺得事情過去了、這樣就結束了，但往往失去了權

益而不自知。而且保護了肇事的一方，也讓受害者獲得更多的保障。

一個善心就幫助到兩個家庭。

有了保障，陳老先生醫療再也沒有後顧之憂，術後復健狀況良好，甚至還交了女朋友，不過這是後話了。

有一位 90 多歲的阿公，一時疏忽闖紅燈而發生車禍，車禍的部分與對方以 4000 元達成和解，但因為沒有任何保險，事後的醫療費用讓他憂心不已，經過我們團隊的專業努力，協助他申請到了 173 萬的理賠金，他現在有能力聘請 24 小時的全天候看護來照料自己，健康復原得很理想，甚至還能開心拍影片玩抖音呢！

4-7　專業就是力量，協助弱勢獲重生

　　有些人或許身體不便，無法像一般人跑跳自如，但他們心中依然擁有著堅定希望與溫暖笑容，劉小姐就是這樣的人。

　　儘管是小兒麻痺患者，童年時一場突如其來的疾病讓她從此行動不便，但她總是保持樂觀的態度，每天認真工作，為了生活努力打拼。在忙碌喧鬧的都市裡，劉小姐的日常依賴著一輛改裝過的三輪身障特製機車，比起搭乘大眾交通工具，特製機車讓她行動自如，畢竟友善身障人士的公共設施不盡完善，階梯、上下公車偶爾還是需要他人協助，劉小姐總是客氣的不想麻煩別人。這輛特製機車不但是她的依靠，有時她也會覺得是自由的象徵，代替不便的雙腿讓她跑遍城市每個角落。

　　然而，命運卻在一次不幸中與她不期而遇，有一回

騎車在路上時不慎跨越雙黃線，結果與兩輛車相撞，不僅自己受傷了，車禍鑑定報告指出劉小姐需負較多責任，比起身體的苦痛，面臨對方的車損求償更是無法承受的負擔。

事故造成 A、B 兩輛車嚴重毀損，A 車主求償 28 萬元、B 車主則求償 120 萬元。

對劉小姐來說，因身體的不方便，平日生活就已經有點捉襟見肘，發生車禍意外不僅自己受傷、三輪身障特製機車也需維修，兩位車主的求償金額簡直就是天文數字。

劉小姐找到我們協助，因需負肇事責任，但實在無法負擔高額賠償，於是我們向兩位車主尋求和解，以最大的誠意與方式解決賠償問題。

經過我們努力，劉小姐不但賠償了 A 車主，甚至自己還獲得了 4 萬元。在最黑暗的時刻，我們為她帶來一絲光明。

遇到這種車禍，不懂的人往往就是自掏腰包賠償，但我們保護了客戶，啟動對方的保險，讓雙方都獲得保障。

　　至於 B 車主求償 120 萬元，幾經協調，最後以 20 萬元達成和解，並可分期給付，雖然對劉小姐來說仍是一筆負擔，但已經足足少了 100 萬元，且是讓雙方都滿意的結局。

　　但我們想幫助劉小姐更多，於是就她因車禍受傷產生的後遺症，尋求對方的強制險理賠，第一筆核發下來是 33 萬元。

　　用一個更簡單的方式說明，假設一個行人和一個騎機車的騎士發生車禍事故，行人並沒有保強制險，所以騎士無法向行人的強制險求償；但行人若受傷，則可向騎士的強制險求償。

　　意外獲得 33 萬元，劉小姐有點不知所措，囁嚅問道：「我跟人家談好要分期付款 20 萬元，怎麼辦？」

「沒關係，妳只要按時分期匯款就好了。」我笑著說，這只是一個開始。

後來又核准下來第二筆 50 多萬元，是劉小姐的團體保險。她不敢置信，拿著存摺反覆看了又看，又是揉了揉眼睛，覺得似乎多了一個零。劉小姐的眼中充滿了驚喜和感激，這筆錢將是她復健的資本，也讓她有了重新站起來的力量。

出車禍後，劉小姐原本被車主索賠金額嚇得坐立難安，想到需賠償這麼大一筆錢，就算是把家當都賣了也籌不到，沒想到經過我們團隊協助，不但順利談了和解，將賠償金額壓到最低，自身也請領到幾筆錢，可以修車、可以復健，總算才鬆了一口氣。

但我們團隊仍繼續幫劉小姐訴求權益，因為第一筆 33 萬元是扣除她小兒麻痺級別才核發的，我們覺得不合理，所以繼續上訴，希望能為她爭取到更多。

車禍意外若僅是車輛擦撞出現財損，算是比較單純；

若牽涉到身體受傷，保險理賠有些眉角是很容易被忽略的，以劉小姐的案例來說，恐怕一般人遇到就得自掏腰包賠償，如果不懂得處理，可能會被壓得喘不過氣，一旦明白處理訣竅後，就會愈來愈好過。

說起來有點諷刺，法律就是保護懂的人。而我們的角色就是協助、輔佐當事人，以專業知識作為後盾。車禍意外原本讓劉小姐陷入低潮，但我們的協助讓她看到了人性溫暖和專業的力量。

這並非理賠金額高低的問題，而是原本就應該享有的權益。當然，我運用專業知識、協調手腕，也能得到合理的報酬，但並非以利為出發點，若是遇到很簡單、客戶可自行處理的，我都會無私教導，完全不收取費用。

因為我想幫助遇到困難的人，這也是我的使命所在。

第 5 章

5-1 回饋——學習承擔重任

能力越大，責任越大！

這句話我一直記在心裡，經過多年努力，如今我開了自己的公司，成為瑪沁國際的執行長，這過程中得到許多人的認可，有能力之後，我和夥伴們同時致力於推動社會服務與公益活動，因為我知道我可以幫助更多人過上更好的日子。

很久以前我曾有過不如意的生活，每天醒來張開眼睛都覺得是一場漫長的煎熬，但我仍努力工作，希望總有一天能突破那道高牆壁壘，即使日子再苦，我也從未放棄，始終堅信著明天會更好，有這個信念支撐著，讓我度過了一個又一個艱難的日子。彼時我就暗暗發誓，當我有一天擁有了能力，一定要盡其所能幫助更多的人。

我不斷努力，也不斷學習，如今終於迎來事業上的成功和一點點成就，這代表了堅持不懈，證明一切的努

力都是值得的。我從沒忘記過那段困苦日子是怎麼熬過來的，我也思考自己的人生意義，我這麼努力是為了名利？賺錢是一定要的，因為我不想靠男人過活，但我不追求一定要有高大上的身份地位。

我在思考過程中明白了一個道理，人生不僅只是為了自己，更是為了他人。

所以我決定要奉獻愛心回饋社會，幫助需要幫助的人。我開始參與各種公益活動，除了是回饋台灣給我的

一切，也是對自己內心的一種昇華。

　　我曾擔任澎湖青商會的主委，除了規劃活動、佈置場地等，也在活動上擔任主持人，在這過程中學到了會議的禮儀，以及辦活動的眉眉角角，這些歷練都讓我收穫頗多。

　　後來更接了高雄瀰濃獅子會的會長職務。我們曾經舉辦寒冬送暖、捐血活動，也捐助社服金給屏東啟智教養院，當時院生還跳律動舞蹈祝福，讓現場觀禮的我大為感動，透過公

益活動也讓獅子會同學知道社會上還有許多等待幫助的弱勢團體，獅友們紛紛慷慨解囊加碼捐助物資、社服金。

我也曾在端午節舉辦捐血活動，有些人擔心在節日舉辦會導致參與的人變少，紛紛推辭不願協助，但我的初衷是希望能夠幫助更多的人，況且愛心不分平日、假日，就這樣帶著使命執行，帶領著團隊夥伴與朋友一起幫忙，也準備了豐盛的禮物感謝捐血人。

熱誠的服務、甜美的微笑，是我們對捐血人致上的最大敬意。

一些捐血人深受感動，也協助號招親朋好友、左鄰右舍前來挽袖捐熱血，最終募到 167 袋，遠遠超過捐血中心期待的目標。有個年輕人告訴我，一直想要捐血卻始終找不到機會，剛好回鄉探望長輩看到我們舉辦活動，二話不說就奉獻出 500cc 的「熱血」，還再三謝謝我們，讓我非常感動。

為了感謝捐血人，團隊準備了許多小禮物，很多年輕人捐血後都婉拒，表示希望能再捐出去給有需要的

人，讓我看見了大愛與無私；前來幫忙的團隊與志工們，大夥兒也都充滿熱忱，讓我覺得台灣社會處處是溫暖。

現在我創設了自己的品牌，除了讓它發揚光大，我也開始策劃一系列的線上課程。2020 年黃佳興老師賜與我「人脈整合專家」的頭銜，所以我也決定承擔起更大的責任，將我所學、歸納出的心法整理成一套有系統的課程，希望能讓更多人懂得如何拓展人脈，因為人脈就是錢脈。

擔任獅子會會長、開設線上課程，對我而言這都是一種學習，學習如何承擔重責。擔任會長職務是我多年來積極參與公益活動的延續，也是對社會回饋的承諾方式，更是一種奉獻，因為獅子會是凝聚各界熱心人士的大家庭，也有著能影響社會的正能量。

會長不是頂著光環的頭銜，而是一份使命。我除了要當領導者，更要成為團隊的榜樣，也需要聆聽他人的聲音，理解所有需求，並努力將期望化為現實。我承諾

帶領團隊攜手為社會做出更多的貢獻，幫助更多的需要幫助的人。

我學習承擔責任，不斷提升自己的能力，好讓自己能為了回饋社會更加努力。每一次公益活動的參與與付出，都讓我感受到成長和收獲。

⋯⋯⋯⋯⋯⋯⋯⋯⋯⋯⋯⋯⋯⋯⋯⋯⋯⋯⋯⋯⋯⋯⋯⋯⋯⋯

只有不斷學習、不斷地成長，我們才能讓自己、社會變得更好！

5-2 給自己的四句名言

　　我常把「對不起」、「請原諒我」、「謝謝你」、「我愛你」這四句話掛在嘴上，這代表了我的人生態度，也是人際關係中最佳的潤滑劑。

　　每個人都會遇到種種挑戰，尤其是犯了錯誤陷於困境之際，我認為最有力量的三個字就是「對不起」。這三個字不僅只是口頭上的歉意，更是對他人與自己的尊重。當我說出「對不起」時，其實就是承認自己的錯誤，這也表達了責任感和成熟態度。

　　但敢說出口，就必須了解這不僅只是口是心非的道歉，而是自我反省的開始、勇於面對錯誤的起點。不論是在家庭、愛情、工作或社會上，這句話都承載著無比的力量，當意識到犯了錯誤時，就要勇敢說出「對不起」，這並非為了取悅他人，也不是僅為了得到寬恕，更重要的是為了對自己的行為負責。

很多時候，我們意識到自己犯了錯卻不願意承認，或許是會讓自己感到羞愧或是沒面子，然而，這種逃避只會讓問題更加惡化，讓人與人之間的距離更加疏遠。

道歉並不是丟臉的事，相反的，我覺得是展示自己素養的最佳機會。當願意承認錯誤並真誠道歉時，就是展現了自己的勇氣和謙虛。只有真正的勇者才能正視自己的過失，並從中成長。

然而，有時候說「對不起」並不完全代表我真的錯了，而是希望化解當下的尷尬和衝突，讓雙方都能夠平靜地面對問題。這並不是軟弱的表現，而是智慧的選擇，當雙方情緒都平靜下來後，更能好好地溝通理解彼此立場，從而找到解決問題的最佳方法。

「對不起」或許只是簡單的三個字，但其實有著無比的智慧，當我們學會了真正的道歉，也就學會了成長的方式，才能真正擁有一顆寬容的心。

另外，我也常說「請原諒我」，這其實代表了對彼此的尊重和關懷。我覺得「請原諒我」這四個字很神奇，

它不僅是表達歉意的方式，更是修補關係、化解矛盾的魔法語言，雖然是很平凡的話語，卻總能緩解衝突。

比如我曾向朋友借了一本書，結果不小心搞丟了，深知這本書對朋友很重要，我遍尋不著便立刻向朋友坦白承認，「請原諒我，我會負責再買一本賠償你。」真誠的眼神與話語，讓朋友心中怒火還來不及升起就消散，取而代之的是換來溫暖與理解。

也曾經在工作上與同事發生爭執，原本雙方都不肯退讓，氣氛變得尷尬緊張。後來，我主動微笑著說「請原諒我，我可能太固執了，是不是可以一起找到更好的解決方案？」兩人攤開了話題，最終圓滿解決。

這句話可化解衝突、修補關係，所以我認為「請原諒我」其實是心靈溝通與情感交流，更是展示自己謙虛和包容的方式。當我們能夠勇敢承認自己的錯誤，並真誠面對別人時，也就打開了溝通的大門。

在日常生活中，「謝謝你」是最常用，卻也是最容易被忽略的一句話。當我們能夠真誠表達感激，「謝謝你」

就不僅僅是一句禮貌性的語言，而是一股溫暖的力量。

在工作時，若是碰到了棘手的問題無法解決，只要有夥伴主動伸出援手協助，我一定馬上對他說：「謝謝你，有你真好，都靠你幫我走出困境，感恩你。」

當說出「謝謝你」時，不僅表達對他人的感激之情，更是一種溫暖的擁抱，相信收到的人也會非常感動。我喜歡送這樣的禮物給大家，也喜歡收到「謝謝你」這樣一句話，雖然只是微不足道短短幾個字，但能感受到他人的善意，也帶著最真摯的情感。

我常常對朋友表示說聲「謝謝你」是最美好的表達，不妨常常對身邊的人說一聲「謝謝你」，讓這份感激之情在心中流淌吧。

在步調緊湊的生活中，有時我們總是選擇放空，偶爾看看網路上的短片，笑著笑著就過了，事後甚至還想不起來看了什麼內容，只沈迷於短暫的輕鬆，卻忘記了心中最柔軟的聲音、忽略了最深刻的情感，當靜下來聆聽內心的聲音時，我發現其實生活中最美好的幾個字就是

「我愛你」。

愛，是無形的力量，不受時間、空間的限制，能穿越生命的長河撫慰著每一顆疲憊的心靈。我現在很常對先生說「我愛你」，那是人生伴侶之間的「愛情」；我也常對爸爸、媽媽說「我愛你」，因為那是父母無私奉獻的親情；我也會對朋友說「我愛你」，因為愛也可以是友情的深深牽掛，是朋友真摯的關懷。

當我回想起生活中的點滴，便能感受到愛無所不在。或許是在一個寒冷的冬夜裡，另一半為你準備了一碗熱湯，溫暖了冰冷的手指；又或者是在一次挫折之後，朋友默默地陪伴在身旁，無條件給你支持與力量。

對於愛，我們需要學會的不僅僅是接受，更要懂得給予，所以我才會常常對別人說「我愛你」。

愛別人的同時也應該要愛自己，所以我也會對自己說「我愛你」，在接受與給予愛的同時，也應該向自己傳遞這份溫柔，唯有懂得愛自己才能真正地去愛別人。

不是什麼高深的理論，也不是經典名著裡的詞語，對我來說，「對不起」、「請原諒我」、「謝謝你」、「我愛你」就足以代表一切的四句名言，能夠向更多人傳遞愛的能量，也能療癒自己的心靈。因為，當懂得愛的真諦時，生命會更加豐盛。

5-3　奉獻經驗翻轉眾生悲情，熱心公益顯化美夢成真

　　身為新住民，我幾乎會遇上的問題都遇過了。那些可能的悲情、苦難，我一一化解突破，不但翻轉了自己的命運，也有能力幫助更多的人。

　　其實新住民來到台灣時，一定有很多地方不適應。從原本熟悉的生活圈來到人生地不熟的地方，想當然爾會有許多與自己出生地不同的風俗民情，不論是越南、印尼或中國大陸，生活習慣、語言、飲食都和台灣有很大的差別。

　　新住民們猶如種子一樣灑落在台灣這片土地，他們帶著憧憬與希望而來，但總是面臨著各種困境與挑戰。想要融入一個新的社會，尤其是語言、飲食等文化層面的差異，往往是最直接、最具挑戰性的。

　　語言是溝通的橋樑，也是文化的載體，但新住民面對陌生的國語、台語、客家話等語言環境，理解、表達都

是一大挑戰，最直接的方式就是參加語言課程、學習在地文字、閱讀書籍和觀看在地媒體等，更重要的是必須積極融入在地社區，與在地人交流互動。

就像我嫁來台灣時，面臨最大的挑戰就是語言不通，雖然前夫家是客家人，但他們都習慣講台語，我剛來時一句都聽不懂，就像鴨子聽雷一樣，人家是誇獎你還是罵你，自己都搞不清楚狀況。不會怎麼辦？我就每天看八點檔，《夜市人生》410集、《娘家》415集，我全都看了，就這樣看連續劇學台語，漸漸的我就聽得懂他們在講什麼了。

我也會試著去講，就是勇敢開口，語言部分就這樣克服了。其實就像是學生時代學英語一樣，敢問敢講，就能學得很快，才能打破語言的隔閡，心靈之間的溝通也會比較順暢。

再來就是飲食。想想看，吃了二十、三十年或幾十年的風味，到了異鄉後，剛開始吃到的食物可能覺得有趣、新鮮，但連續吃一星期、一個月、一年或更久，

難免會想起家鄉味，飲食習慣儘管住久了有可能會被同化，但絕對不是短時間內就能習慣。很多新住民一開始都會抱怨吃不慣台灣口味。

但飲食是文化的體現，飲食習慣直接反映了在地生活方式、歷史背景，對新住民來說，要解決飲食習慣、文化的落差很簡單，「自己動手做」或是「適應它」，若是不肯適應它，只會讓自己格格不入，不管在任何地方都會被淘汰。以我來說，我會自己煮，所以比較沒這個問題。

台灣可以買到各國食材，就算沒有實體店舖，網路上也通通買得到，透過自己煮不僅能滿足口腹之欲，也能帶來故鄉的溫暖。有些新住民聽了我的建議，很快就轉化心態重新調整，其實沒什麼大不了的，自己就可以創造出獨特的味道。有許多新住民自己創業都從飲食店、小吃店著手，除了烹調出正宗家鄉味，也研發出屬於自己的融合滋味，例如將故鄉特色食材結合台灣調味方式，創造出新的料理風格，不僅豐富了台灣的飲食文化，也豐富了自己的生活，演變出受台灣人喜愛的口

味，這不就是新台灣味嗎？

就像我常說的，如果你沒辦法去改變環境，你就需要改變自己，讓自己適應這個環境、這片土地。環境就是這樣，你不去適應，只是讓自己難過而已。當適應之後，你會發現快樂很多，人生就要過得開開心心的，何必讓自己一直處在痛苦之中，況且明明是有機會去改變的。

根要扎在土壤裡，才有辦法茁壯。

新住民想在台灣扎根，就必須努力克服語言隔閡、融合飲食文化，才能融為台灣的一部分。對於初到這片土地的新住民，我總是建議要接受它、接納它，就會愛上它。

克服了環境、語言的不適應後，新住民接著要面對的就是需要有賺錢的能力。我有時遇到做生意的姐妹，會有人抱怨很累、收入不高、不適應，我還是秉持一貫的態度鼓勵他們，這就是老天爺給的禮物，要去接收，他們想想好像很有道理，當念頭轉正向了，做起來就會覺得

很輕鬆。

在努力工作之餘，我也希望能夠將自己的經驗傳承給其他新住民，或許只要多聽聽過來人的說法就能少走很多冤枉路。因此我也積極參與各個協會，像是廣東新住民協會、澎湖的新住民協會，這些協會不僅提供學習機會，還提供建立社交網絡的平台，可以學習到適應當地文化和生活方式的方法，也能與其他新住民建立起友誼互助關係。像是澎湖的新住民協會理事長就很好，會安排許多課程，去上課還發給每個學員一條石斑魚，非常大方，這樣的方式不僅增加了新住民參與的意願，也加強

了社區凝聚力，透過協會也能分享許多資源，大家一起開會、聚餐。

我也透過社交軟體加入許多群組，當有人遇到問題時，就可以分享自己是如何面對、解決問題。利用社交軟體建立群組是促進新住民融入在地的有效途徑，大家能快速地建立起社交關係，找到志同道合的伙伴，分享生活中的點滴和困惑，特別是在面對問題時，有這樣一個支持和理解的群體是非常重要的，一旦有人遇到問題時，成員就會分享自己的經驗和建議，更重要是提供心靈支持。

群組是大團體，每個人備註裡會註明現在住在哪裡，比如高雄、屏東，就能找到一些志同道合的姐妹，談得來的就自然會形成小團體。像是遇到同是梅州來的，就會問問是梅州哪裡，然後互加好友，就會愈聊愈近，這樣就有了「娘家人」，之後若是到了某個地方，知道當地有「娘家人」，就會約出來見面聊天。

這種感覺就像是「處處有家人」。

當然，遇到了「娘家人」，偶爾也會吐吐苦水、抱怨一下，但我都會將聊天導至正向能量，不要只是抱怨婆婆、罵罵老公，所以和我聊完天的人都會感到非常快樂，也會記得有我這個「娘家人」。

透過協會、社交群組等平台，新住民能感受到溫暖和歸屬感，也能快速融入台灣，也因為成員來自四面八方，往往可以學習到不同領域的知識，擁有專長的人也會開設課程與大家分享，而且都沒有涉及商業利益，算是彼此之間的情感交流。

撇除政治立場，我覺得台灣很好，多數台灣人對我們新住民都很好。我離婚時，許多人都勸我，「妳那麼好」、「妳還年輕」、「為什麼不回大陸發展」，但我就是喜歡台灣，喜歡台灣的人文素質，所以決定在這裡扎根，一切從零開始。

因為我重生了，所以可以去做想做的事，而且我很努力讓自己的夢想成真，有了一點能力後，我

也積極參與公益活動，希望幫助來自各地的新住民澈底融入這片土地，成為正港的新台灣人。

5-4 保持初心，百分百的加薪術

　　我的公司「瑪沁國際」屬於顧問服務業，主要是當客戶發生意外事故需要專業協助、罹患疾病卻不知保險理賠權益時，我們擔任事故理賠輔佐人、理賠精算師的角色。

　　我的「初心」很簡單，就是幫助別人。當別人生病受傷、不知道自己的權益時，我們協助他們爭取應有的權益，讓他看到希望，當他有錢了，就能幫助更多的人，做更多的事情。

　　藉由幫助別人，不但能讓他人看到希望，也會讓自己的生命充滿了意義。俗話說「行善積德，行惡必報。」這或許是我初心的所在，幫助別人不僅是對別人的善行，關愛與關懷更是激發我前行的力量。

　　「擇善固執，難言獨行。」做這一行還需要堅定的信念，不輕言放棄，要有勇氣面對各種挑戰，只有堅持初

心才能夠讓更多人受益。就是這種純粹的想法，當我幫助別人之際，自己也得到了心靈的富足。

雖然談錢很俗氣，但我們的工作就是協助客戶取回應得的權益，俗氣一點來說就是拿到更多的錢。因為在現實生活中，沒有錢是萬萬不行的，所以俗語才會說「有錢能使鬼推磨」，雖然不是所有東西都能用錢買到，但有了錢，生活就不致於困頓，只有在經濟上夠強大，才能讓自己過得好，也才能幫助更多的人，做更多的事情。

先生從事這個行業十多年，我常開玩笑說是高薪禮聘把他從別家公司挖角過來，除了夫妻同心經營，他也是老師，我很認真學習，從完全不懂到上手，儘管抽的%數很少，但短短 6 個月就收入破百萬元。

我給自己的目標是一年為客戶爭取 6000 萬元理賠金，為什麼創業第一年就敢定下這麼高的金額？因為我想要拿到黃佳興老師的「年度見證」，要從近 800 個學員中脫穎而出，眼光就要放遠、志向就要夠大，膽子也要夠大，這樣才能激勵自己。

另外，我也想幫自己「加薪」！

這個目標不是自己私下說說而已，而是要公布請所有人見證，既然都敢公開了，若是達不到目標還要接受懲罰。

像是先生為他自己設定若未達標的懲罰，居然是喝尿、舔馬桶、剃光頭、吃蟑螂！

我非常非常努力學習，一些不熟識的同行還以為我已經做了十多年。

結果一年過去，我不但順利達成，更突破7000多萬。

我成功創造 100% 加薪術。

對於實現財富自由又往前踏進了一大步。

我歸納了幾個重點：

第一是不要看輕自己。心態很重要，遇到事情千萬不要有「自己不配」的心態。我小時候沒有自信，覺得自己什麼都不配，因此活得黯淡無光，甚至深陷憂鬱的情緒中，這樣的心態讓我在生活中總是懷疑自己的價值和能力，對目標的追求也變得迷茫。但現在的我早已調整了心態，出現了心靈轉變，我相信自己配得上好的事物，值得擁有美好的生活，而這樣的信念正是能夠實現目標的動力。這有點像是吸引力法則，只要透過正面思考，就容易得到正面的結果。我相信我可以，就真的能夠做到。這種信念驅使我朝著目標奮鬥，不再被過去的不自信所束縛。如果你一開始就否定自己，怎麼會有動力朝目標奮鬥呢？

第二是正向的思考模式。為了擁有向前邁進的動力，我學會了給自己正能量的思考模式。

這種正能量不只運用在自己身上，我也希望可傳播給周遭的朋友。所以我現在聊天時，都會用稱讚的語言肯定別人，讚美他的優點與長處，比如「你好帥」、「你很有智慧」、「你說得真好」，聽了這些讚美的朋友通常一開始都會不好意思，謙虛說道「沒有啦」、「我沒那麼好」，但我總笑說「我眼睛有問題是嗎」，朋友就會被我的幽默感染進而調整心態。

　　懂得積極的溝通方式，能讓朋友感受到溫暖與正能量，加上一點幽默感更能發揮作用，能帶給朋友歡樂和輕鬆感，無形中也拉近了彼此的距離。

　　當有人稱讚你時，別客氣，就說聲「謝謝」。

　　「你好帥。」

　　「謝謝。」

　　「你好優秀。」

　　「謝謝。」

　　每當有人給你禮物，你就接受，你就會愈來愈好。

第三是懂得與接受讚美。不要否定自己的價值，我不再像過去一樣拒絕別人的禮物，而是以「謝謝」的態度接受，即便知道是客套話，也用微笑回應，把禮物大方地接進自己的生命中。這種態度能讓人的心胸變得更加開闊，也讓生活充滿了美好和機遇。

過去傳統上總是教導我們要謙虛、曖曖內含光，遇到別人的稱讚不懂得接受，甚至反而會把自己說得很差，何必如此呢？不要拒絕別人的禮物，即便是帶著微笑回一句「謝謝」都好，雖然保守，但就大方把禮物接進來。

大家都要送禮物給你，你還不要？所以我跟認識的人也好、不認識的人也好，聊天時我總不吝嗇稱讚別人，因此大家都很喜歡我，我的氣場也變得愈來愈好，充滿了陽光。

當然了，「木秀於林，風必摧之；堆出於岸，流必湍之；行高於人，眾必非之。」三國魏人李康《運命論》提到這段話，一棵樹如果比整個樹林還高，必定會被大風先吹倒；而積在岸邊的土堆，也會被激流先沖走；一個人如果在眾人裡面特別突出，很可能被別人議論。風頭

出多了是福是禍很難說，但毋須過分謙虛，別人的讚美都是對你的肯定，沒有必要拒絕。

面對讚美時要真誠地接受，這樣才能讓自己更加充實，也能夠吸引更多的正能量。正面思考和言行才能打開自己的光明之門，同時也能將這份正能量分享給身邊的朋友。保持這些積極的態度，運用在工作上，你也能學會 100% 的加薪術。

我入行以來，時時刻刻都提醒自己要保持初心，它需要不斷反思和調整，經歷過種種挑戰，我深刻領悟到擁有良善的價值觀，才能使人生往正確的方向前進，更希望能夠將這份正能量傳播給身邊所有朋友。當得到別人的讚美和幫助時要懂得接受，要明白被肯定的價值，要懂得接受他人的善意，這樣才能不斷提升自己。

⋯⋯⋯⋯⋯⋯⋯⋯⋯⋯⋯⋯⋯⋯⋯⋯⋯⋯⋯⋯⋯⋯⋯⋯⋯⋯⋯⋯⋯⋯⋯⋯⋯⋯⋯⋯⋯⋯

我在保持初心的同時，也同時讓自己的生命更充實自在，不僅心靈上得到了富足，而付出的良善給予的回報，就是讓我公司的業績蒸蒸日上，愛自己、愛別人，這樣才會活得有尊嚴、充滿意義。

保持初心

：我在幸福的路上，不斷活出自己想要的樣子

作　者／鍾嘉心
出版統籌／時兆創新（股）公司
出版企畫／時傳媒文化事業體
出版策畫／林玟妗
出版經紀／詹鈞宇
封面設計／雷洛有限公司
文字整理／沈軒毅
封面照片／浩良美拍大師
責任編輯／ twohorses

企畫選書人／賈俊國

總 編 輯／賈俊國
副總編輯／蘇士尹
編　　輯／黃欣
行銷企畫／張莉滎、蕭羽猜、溫于閎

發 行 人／何飛鵬
法律顧問／元禾法律事務所王子文律師
出　　版／布克文化出版事業部
115 台北市南港區昆陽街 16 號 4 樓
電話：(02)2500-7008 傳真：(02)2500-7579
Email：sbooker.service@cite.com.tw
發　　行／英屬蓋曼群島商家庭傳媒股份有限公司城邦分公司
115 台北市南港區昆陽街 16 號 8 樓
書虫客服服務專線：(02)2500-7718；2500-7719
24 小時傳真專線：(02)2500-1990；2500-1991
劃撥帳號：19863813；戶名：書虫股份有限公司
讀者服務信箱：service@readingclub.com.tw
香港發行所／城邦（香港）出版集團有限公司
香港九龍土瓜灣土瓜灣道 86 號順聯工業大廈 6 樓 A 室
電話：+852-2508-6231　傳真：+852-2578-9337
Email：hkcite@biznetvigator.com
馬新發行所／城邦（馬新）出版集團 Cité (M) Sdn. Bhd.
41, Jalan Radin Anum, Bandar Baru Sri Petaling,
57000 Kuala Lumpur, Malaysia
電話：+603- 9056-3833　傳真：+603- 9057-6622
Email：services@cite.my
印　　刷／韋懋實業有限公司
初　　版／ 2024 年 8 月
定　　價／ 380 元
ＩＳＢＮ／ 978-626-7431-65-8
ＥＩＳＢＮ／ 9786267431696(EPUB)

城邦讀書花園 www.cite.com.tw　布克文化 WWW.SBOOKER.COM.TW